LETTRES

SUR LA PATRIE, LA LÉGITIMITÉ,

ET LA SOUVERAINETÉ DU PEUPLE.

PREMIÈRE LETTRE

DE M. RÉDARÈS A M. LE COMTE DE SAINT-ROMAN.

Monsieur le Comte,

Je prends la liberté de vous offrir un exemplaire de la brochure politique que je viens de publier.

Dans la longue série des révolutions qui ont désolé ma patrie, j'ai vu tant d'hommes changer d'opinions et de principes, tant de consciences en défaut, tant de flétrissures morales, qu'il m'a pris envie de démontrer à mes concitoyens que les ambitieux et les hypocrites ne touchent aux choses saintes que pour les flétrir et les corrompre.

Je suis avec respect, monsieur le Comte, votre obéissant serviteur,

M. RÉDARÈS.

8 décembre 1834.

PREMIÈRE LETTRE

DE M. DE SAINT-ROMAN A M. RÉDARÈS.

Votre lettre, Monsieur, et votre écrit m'ont été renvoyés de Paris à ma campagne, d'où je ne compte retourner dans la capitale que vers la fin de janvier.

J'ai lu votre brochure avec attention: le style en est rapide; et vos idées sont bien présentées. Plusieurs me paraissent fondées en raison; mais il en est d'autres que je crois inexactes.

Je pense, par exemple, que, vers la fin de l'ouvrage, vous prenez le change sur la cause de la plupart des soulèvements des peuples, dont le succès, page 56 (note), vous paraît une manifestation de la volonté souveraine.

Les peuples, êtres de raison, si on les distingue des individus qui les composent, n'ont ni plus ni moins de lumières que ces individus.

Tout se réduit donc à savoir si l'on peut soutenir raisonnablement que le grand nombre, chez eux, est en état de résoudre des questions pour la décision desquelles des ambitieux et des pervers les font courir aux armes et s'immoler par millions d'hommes sans qu'au fond ils sachent un mot de ce dont il s'agit (1).

Je l'ai répété souvent : demandez à l'Institut de France, sur un point de science quelconque, un résultat d'après le nombre des voix; vous verrez que la décision ne pourra être qu'un aveu tacite d'ignorance, et un acte presque aveugle de confiance dans les lumières de quelques hommes. Le mathématicien ne pourra en effet rien résoudre dans un problème d'anatomie comparée, ni l'helléniste, à son tour, raisonner le moins du monde dans une question d'analyse transcendante en fait de géométrie; et la pluralité des membres sera à jamais incapable de se prononcer sur ces points en connaissance de cause.

Il est cependant certaines vérités qui, après avoir été l'objet des controverses de siècles entiers, finissent par sortir triomphantes, et par fonder une croyance générale, d'autant plus inébranlable que l'expérience sera venue tous les jours, pour

(1) Ces ambitieux et ces pervers ont malheureusement une bien grande facilité pour émouvoir les peuples, même lorsque ceux-ci n'ont point de justes sujets de se plaindre. Tous les hommes sont, en général, mécontents de leur sort; aussi, les peuples seront-ils toujours en masse ce que dans nos assemblées législatives on appelle *centre gauche*; c'est-à-dire que, tout en regardant les bouleversements avec une certaine inquiétude, ils s'y laisseront le plus souvent entraîner, fascinés qu'ils seront par l'espérance d'un mieux presque toujours chimérique.

ainsi dire, déposer en leur faveur, et leur prêter son appui.

Ces vérités finissent par se fondre avec les mœurs; et je leur reconnais alors une puissance irrésistible.

Cependant ces croyances et ces mœurs n'ont rien de la versatilité de ce qu'on peut appeler l'opinion du jour. Celle-ci a, sans doute, ses orages, ses catastrophes même, lorsqu'on la laisse se former avec trop d'unanimité; mais, le plus souvent, les hommes d'État, en la distrayant, en variant les objets dont elle aime à s'occuper, la font évanouir comme une vaine fumée, et parviennent quelquefois à lui faire éprouver des transformations complètes. Ce n'est pas là de la souveraineté!

Je n'accorde pas même ce titre de souveraineté à l'opinion que j'appelle *la foi morale des nations* après que les siècles l'ont élaborée et confirmée (1).

Je ne puis la comparer qu'à de certains milieux dans lesquels vivent et agissent les êtres organisés.

Nécessaires à leur existence, ces milieux ne sont pas cependant le principe d'action qui anime ces êtres, et qui répand la vie dans toute l'organisation.

---

(1) On reviendra, dans une lettre ultérieure, sur cette matière qui, dans de savantes dissertations, vient d'être aussi puissamment que profondément traitée par M. de Lisle, rédacteur principal du journal *la France*.

L'air n'est pas le souverain du quadrupède, ni l'eau, celui des cétacés.

Vous voyez, Monsieur, combien, sous ce point de vue, nous différons de façon de penser.

La vérité est que tout homme qui, librement, se fait membre d'une société quelconque, se range préalablement, en quelque sorte, autour d'une pensée.

Cette pensée, qui devient un lien commun, forme ce qu'on désigne sous le nom de partis; et, lorsqu'elle vit et respire en un pouvoir, c'est par elle que s'unissent ces grandes collections d'hommes qu'on appelle nations. Car, remarquez, je vous prie, que le sol, dont on fait tant de bruit, n'est pas même nécessaire, en tant que lieu particulier d'habitation, pour l'existence d'un peuple. Les peuples nomades ont certainement le sentiment de la patrie. L'attachement pour ce sol y entre-t-il pour quelque chose?

Or, si le lien commun, le lien social qui résulte du genre d'autorité, d'où sortent la direction, la vie et les développements de tout un peuple, si ce lien, dis-je, est la propriété de chaque individu, si cette propriété, après celle de sa propre personne, est peut-être la plus précieuse de toutes celles qui lui sont acquises, puisqu'elle assure à sa sécurité le secours de tous agissant désormais comme un seul homme, de quel droit, en quelque nombre qu'on se mette, prétendra-t-on la lui ravir?

Voilà, en un seul mot, la question de juillet, celle de la plupart des révolutions, et l'argument auquel il est à peu près impossible qu'avec bonne foi les usurpations, y compris celle de Napoléon, puissent trouver de réponse. Je dis celle de Napoléon, bien qu'elle soit une des moins coupables que je connaisse. Après tout, il avait aussi prêté serment de fidélité à l'ancienne royauté, lorsque, dès son jeune âge, il fut admis comme officier d'artillerie dans l'armée dont le premier devoir était de la défendre.

Je sais que les mots vagues, les aperçus *grandioses*, mais indéterminés, vont venir ici au secours de mes adversaires. Et moi aussi, j'ai fait de la poésie dans mon temps; mais, lorsqu'on parle *droit* et même *politique*, il faut avoir l'exactitude du mathématicien.

Ces adversaires, à les entendre, sont les hommes du progrès; et j'appartiendrais au parti de la rétrogradation.

Je crois fermement le contraire.

Et d'abord vous avez parfaitement défini, Monsieur, page 6, ce qu'à ce mot *progrès* il faut substituer dans le langage libéral du jour.

« Toujours un flux et reflux de lumières, toujours une roue qui tourne sur elle-même, et rien qui annonce que la société marche vers la perfection. »

Comment le parti libéral peut-il se flatter d'autre chose ?

A-t-il seulement quelque idée arrêtée sur l'existence de la divinité ?

Rendez l'existence de Dieu douteuse : rien ne peut vous assurer, le moins du monde, de la constance des progrès qui éveillent un enthousiasme si voisin du fanatisme. La géologie elle-même reconnaît à chaque pas des traces de révolutions et de cataclysmes épouvantables. Alors, de grands progrès s'engloutirent dans les abîmes de la terre. Il est prouvé aussi, physiquement et mathématiquement, que notre globe n'a pas toujours existé ; et toutes les vraisemblances annoncent qu'il finira dans une dernière catastrophe qui le réduira en poussière impalpable.

S'il n'existe pas de Dieu devant qui les générations et les mondes passent comme l'ombre, mais, cependant, en laissant à une intelligence et à une justice infinie le pouvoir de tout retrouver, individus, nations et progrès, pour les faire servir encore à des desseins ultérieurs ; sur quoi, je le demande, est-il possible de se fonder pour trouver dans la nature rien autre chose que ce mouvement de diastole et de systole, pour ainsi dire, qui semble se manifester comme inhérent à l'univers, bien qu'on ne puisse imaginer d'où lui-même il peut provenir ?

Et si, de sphères si élevées, nous venons nous placer humblement dans les sociétés humaines, le besoin le plus indispensable pour s'améliorer n'est-il pas, avant tout, d'*être* et de *vivre*? Et, puisqu'une société n'est autre chose qu'un lien commun, peut-il en exister s'il se rompt de fait et de droit au moindre choc des insurrections populaires?

Or, comment établir quelque solidité dans un pareil lien, si on l'attache au principe même de dissolution?

C'est à moi, c'est aux hommes de l'opinion que je professe qu'il appartient de parler de progrès et de développements, parce que nous tenons à l'existence de ce qui est susceptible d'être et de s'améliorer, tandis que les autres courent en aveugles vers le mieux de ce qui n'est que vide, incohérence et mort.

Oui, je suis moi-même, ou du moins je cherche de toutes mes forces à être *réformiste*, mais comme vous l'entendez page 21, depuis la 1re ligne jusqu'à la 16e inclusivement. Quant aux autres réformistes, je vous les abandonne de toute mon âme et de toute ma conviction (1).

---

(1) Si les partisans de ce qu'il est fort difficile de ne pas entendre par le grand mot, fort obscur en lui-même, de *réforme*, disaient clairement que le *vote universel* se borne pour eux à des institutions municipales qui permettraient à chacun de voter sur ce qui lui se-

Vous voyez, Monsieur, que, malgré une grande divergence d'opinion, plus apparente cependant que réelle, nous ne sommes peut-être pas loin de nous rapprocher. Mais il est un point, je vous l'avoue, sur lequel il m'est impossible d'être d'accord avec vous.

Les Bourbons n'ont point été ramenés par les étrangers; c'est une imposture à laquelle, malheureusement, comme beaucoup d'autres, vous vous êtes laissé prendre.

Une chance favorable s'est présentée pour eux; et ils l'ont saisie.

Mais, par l'extrême ineptie des Français, il faut

---

rait connu des besoins de sa commune; si, ensuite, elles ajoutaient que, sur certaines questions relatives à l'administration et au bien-être des cantons, arrondissements et départements, il serait à propos de consulter des assemblées dans lesquelles l'élection d'un plus ou moins grand nombre de membres entrerait comme élément, il serait possible d'arriver par cette voie à quelque chose de raisonnable et même de très favorable à la prospérité publique, pourvu que, de questions de localité et tout au plus d'avis à donner sur des matières plus générales, on ne poussât pas les empiétements jusqu'à la prétention de se constituer partie co-opératrice dans l'œuvre de *l'universalité* de la nation *délibérante;* et, de bonne foi, n'est-ce pas cette image qui se trouve au fond de la pensée des personnes même en apparence les moins républicaines, lorsqu'elles parlent avec tant de passion de *réforme* et de *vote universel.* Qu'elles ajoutent à ces mots celui de *représentation nationale*, dont elles font un si fréquent usage; et qu'elles disent, dans la sincérité de leur conscience, si les doctrines de la république et de la souveraineté du peuple ne leur servent pas de point de départ dans toutes leurs théories et ne vivent pas tout entières dans leur esprit?

le dire (je ne sais flatter personne, pas même ma propre nation, quoique, de grand cœur, je lui reconnaisse de hautes qualités), par l'ineptie des Français, dis-je, ces malheureux princes ont eu d'immenses obstacles à surmonter.

Ces obstacles, qui les avait semés?

Les étrangers.

Ne croyez pas que ce soit comme défenseurs de l'absolutisme (c'est tout le contraire) qu'ils aient laissé le monarque légitime s'asseoir sur le trône de ses pères.

Ces étrangers n'ont pas oublié, un seul instant, depuis cent vingt ans, ce que fut la monarchie de Louis XIV.

Elle subsistait encore dans toute sa puissance sous Louis XVI.

Il fallait la dissoudre, ou du moins la réduire à la plus grande faiblesse possible.

Ils crurent donc d'une haute politique, lorsque la légitimité apparut pour sauver la France, de la laisser dans un état continuel de litige, afin qu'occupée sans cesse dans des débats intérieurs, elle ne pût songer à recouvrer la glorieuse prépondérance de nos anciens rois.

Leur but ne fut pas cependant entièrement rempli.

Louis XVIII, obligé de céder à l'orage, avait glissé dans sa Charte, si je puis me servir de cette expression, assez de pouvoir pour que ses sujets, s'ils eussent été vraiment éclairés et vraiment patriotes, en se serrant autour de la monarchie, l'eussent rendue à la splendeur qui lui convient.

Je dis « qui lui convient » parce qu'il faut être modéré en toute chose.

Louis XIV ne l'avait pas été. Sa puissance menaçait ouvertement l'existence des autres pays.

C'est en souvenir des terreurs qu'il inspira que *les étrangers ont fait naître nos deux révolutions.*

L'Espagne et ce qui s'y est passé depuis vingt ans vous donnent tout le secret de leur politique.

Il leur fallait des Pyrénées; c'est par juillet qu'ils les ont obtenues.

Cependant tout change dans l'univers.

L'Europe continentale manque de point d'appui.

Le beau royaume de France, même d'accord avec celui d'Espagne, n'a rien aujourd'hui de trop en puissance pour assurer le repos de cette Europe tout entière, et pour en être le plus ferme rempart, pourvu qu'il sorte des crises révolutionnaires.

Voilà ce que, après bien des préjugés vaincus, semble apercevoir enfin la vieille diplomatie de ces rois naguère encore si jaloux de notre pays.

Les Français ouvriront-ils les yeux? Renonceront-ils à de sacriléges combats d'amour-propre pour voir enfin la vérité?

Se diront-ils que leur pays semble destiné, en ce moment même, à devenir la base de sécurité d'une des quatre parties du monde, de celle qui, depuis plus de deux mille ans, était, à juste titre, regardée comme le centre de la civilisation. Ce rôle n'est-il pas assez honorable pour de nobles ambitions? Mais est-il possible à l'illégitimité de le remplir devant des rois encore pour la plupart légitimes?

C'est ce que je soumets à vos réflexions, à votre conscience. J'ai soulevé le voile; votre perspicacité vous fera juger de ce que je laisse seulement entrevoir; et vous me prouvez que, si la vérité se montre entière à vos yeux, votre talent est capable de la faire valoir. Ne trouvez pas mauvais que je parle avec quelque assurance de matières qui ont été l'objet des méditations de toute ma vie. Agréez mes remercîments de l'envoi que vous m'avez fait, et recevez le témoignage de ma considération très distinguée.

Comte DE SAINT-ROMAN.

Méréville, ce 16 décembre 1834.

RÉPONSE DE M. RÉDARÈS.

Monsieur le Comte,

Je ne viens pas combattre les principes de philosophie politique que vous avez si savamment développés dans la lettre que vous m'avez fait l'honneur de m'écrire. Je suis, comme vous, l'homme de la religion et de la légitimité; je crois aussi que la volonté d'un grand peuple n'est qu'une fiction morale: mais je dis que cette volonté a une influence souveraine sur la destinée des empires, et que c'est à elle que la raison en appelle pour étouffer la tyrannie et flétrir l'usurpation. Ce que j'ai avancé de Louis XVIII dans ma brochure sur les réformistes, je le pense sincèrement: je ne pardonne pas au successeur de Louis XVI de s'être mépris sur l'esprit du jacobinisme, et d'avoir protégé le mouvement propagateur des doctrines républicaines. Il devait savoir, lui qui avait moulé une Charte sur les intérêts matériels de deux générations divisées par des goûts si antipathiques, que l'opinion publique est ce qu'on la fait, et que c'est manquer de tact et de science que de la laisser se former sous l'influence des partis ennemis de l'ordre établi. En 1830, l'opinion était pervertie; et, dans la disposition hostile où se trouvaient les esprits, disposition que l'indifférence philosophique de l'ancien chef de l'État avait nourrie pendant dix ans, une catastrophe était inévitable; et celle qui s'opéra fut la conséquence naturelle du peu de soin qu'il porta à former l'opinion.

D'accord avec vous, Monsieur, sur les principes, d'accord sur les causes qui amenèrent les étrangers, et sur leur politique astucieuse, il me reste à vous parler d'une opinion que vous avez émise sur le sol, et qui ne me paraît pas exacte.

Le sol n'est pas essentiellement nécessaire comme lieu d'habitation pour les peuples sauvages; mais, pour ceux qui sont policés ou civilisés, le sol est la patrie; et la patrie est un mot qui comprend toutes les destinées d'un peuple. C'est, si vous voulez me permettre l'expression, la chaîne morale et organique de la société. Parmi les peuples qui ont eu un caractère politique, il vous serait difficile de m'en citer un qui ait survécu à une transmigration quelconque. Les Juifs, cette nation si homogène dans ses mœurs et dans ses croyances, et qui avait des lois si exclusives, les Juifs n'eurent plus de lien social, du moment qu'ils furent amenés captifs à Babylone; et, lors même qu'Assuérus les eut rendus à la liberté, et qu'ils eurent reconstruit leur cité et leur temple, ils ne furent plus considérés que comme une nation errante et cosmopolite Les Phocéens, qui envahirent les bords de la Méditerranée, les Troyens, qui s'établirent dans le pays des Latins, perdirent leur titre national d'origine; et, en se confondant, en s'unissant avec des races étrangères, ils formèrent chacun une patrie nouvelle sur le terrain même qu'ils avaient choisi. Pour appuyer votre opinion par un exemple, vous citez la vie errante des nomades; mais les peuples pasteurs de la Tartarie et de l'Afrique ont, chacun dans leur tribu, une ligne géographique, qu'ils dépassent rarement, et qu'on peut appeler leur patrie. Si, dans l'espace qu'ils se sont acquis, ils passent d'un endroit à un autre, c'est pour alimenter plus aisément leurs troupeaux, et pour chercher un plus gras pâturage; et remarquez qu'une tribu ne sort jamais du lieu qu'elle s'est choisi, tant que le pâturage est abondant.

Je sais que certains esprits prétentieux ont voulu placer la patrie ailleurs que sur le sol. Sertorius, en Espagne, avec l'élite de la jeunesse romaine, se croyait dans Rome; et Corneille lui fait dire :

Je n'appelle pas Rome un amas de proscrits:
Rome n'est plus dans Rome: elle est toute où je suis.

Condé, sur les bords du Rhin avec la noblesse

française, se plaisait à dire : La France, c'est nous. Mais, tout cela, c'est de l'orgueil et non de la vérité. La Grèce et la France sont toujours la Grèce et la France; et ceux qui y naissent sont seuls Grecs et Français.

Vous observerez, Monsieur, que je ne parle ici que pour l'intérêt politique et pour le caractère distinctif d'un peuple : je serais trop long, si je voulais vous démontrer combien les affections, les goûts et les mœurs tiennent au terrain et au climat; et votre cœur ne démentirait pas ces beaux vers de Gresset :

> Mais, sous quelque beau ciel qu'on erre,
> Il est toujours une autre terre
> Où le ciel nous paraît plus beau.
> Loin que sa tendresse varie,
> Cette estime de la patrie
> Suit l'homme au-delà du tombeau.

Et en effet, tous nos désirs, toutes nos jouissances sont là. Quittez la France, allez habiter chez des peuples qui ont une autre manière de vivre que la vôtre : vous vous trouverez isolé et comme abâtardi au milieu d'une société pour laquelle vous n'aurez ni affection ni sympathie. Votre esprit et votre cœur ne seront plus dans leur élément ; en vain ils chercheront ce qui leur est si familier, si agréable, si doux ; en vain ils chercheront la patrie avec toutes ses illusions et tous ses charmes.

Je suis avec respect, monsieur le Comte, votre obéissant serviteur,

M. RÉDARÈS.

19 décembre 1834.

DEUXIÈME LETTRE

DE M. DE SAINT-ROMAN A M. RÉDARÈS.

Nous sommes si près de nous entendre, Monsieur, que j'aurais répondu depuis long-temps à votre lettre du 19 décembre dernier, sans diverses occupations que je n'ai pu interrompre, et qui m'en ont empêché.

Le seul point où nos opinions paraissent encore s'éloigner est celui de l'acception à donner au mot PATRIE.

Vous en voyez l'idée principale dans le sol; et moi, au contraire, dans le principe de gouvernement qui sert de lien commun à tout un peuple, et qui répand la vie et produit la direction dans toutes les parties de l'ensemble, ou, en d'autres termes, dans le corps social. Car, remarquez-le bien, je vous prie, nulle société sans un point d'union, et nulle nation véritable si elle n'est pas une société (1).

Ici, vous m'arrêtez, et vous me dites: nulle nation sans un sol qui la porte; et cette idée de sol, qui, il faut le dire, est la première qui s'empare de nos sens, lorsque nous apprenons à connaître les démarcations géographiques, cette idée vous paraît, dis-je, tellement dominer sur les autres, que vous en faites votre principe fondamental, clairement exprimé par ces mots : *Le sol est la patrie.*

Je commencerai par vous faire observer, grammaticalement, que, si ces deux objets le *sol* et la *patrie* sont une même chose, ils doivent faire en quelque sorte pléonasme entre eux. C'est un pléonasme de cette espèce, mais où le sol n'entre pour rien, qui fait le sublime de ce vers que Corneille met dans la bouche de Sertorius :

Rome n'est plus dans Rome: elle est toute où je suis!

En effet, si l'idée de patrie renferme en pre-

(1) Les libéraux, dans leurs théories, ont toujours fait exister la société antérieurement au lien social; ils ont fait ce qu'ont fait tous les savants du dernier siècle: ils ont porté l'analyse dans une multitude de détails, ils ont bâti des systèmes, ils ont écrit des livres, mais sans s'être assurés du point de départ, ce point synthétique d'où tout dépend en toute science, et sans lequel l'esprit de l'homme sera toujours nécessairement accablé sous la multitude des faits qu'il lui sera impossible de mettre d'accord entre eux. C'est ce qui explique l'universelle confusion qui, de nos jours, s'est répandue dans toutes les parties des connaissances humaines.

mière ligne le genre d'autorité et de gouvernement autour duquel tout un peuple est en quelque sorte groupé, Sertorius, en s'identifiant avec cette base dont il se croyait un ferme soutien, avait droit de voir la patrie personnifiée en lui-même. Qu'il ait vraiment prononcé les paroles que lui prête Corneille; que le prince de Condé se les soit appliquées : ce sont des faits entièrement étrangers à la question; nulle prévention ne pourra empêcher qu'elles n'aient un sens profond, et cela, parce qu'elles éveillent une vérité cachée, dont elles donnent une manifestation imprévue.

Citons encore des exemples de pléonasmes qui rendent évidente l'identité d'une même idée sous deux expressions différentes :

« Les ténèbres profondes de la nuit qui couvrit le globe tout entier. »

« La profonde nuit des ténèbres qui couvrirent le globe. »

Veut-on un exemple d'un autre pléonasme encore plus ridicule:

« Le calme du silence. »

« Le silence du calme. »

Or, je le demande, pourrait-on retourner de même ces deux mots:

« Le sol de la patrie. »

Et dire :

« La patrie du sol. »

Il y a ici une telle absence de pléonasme, que la première de ces deux énonciations est évidemment la définition d'un sol particulier : celui qui est distinct des autres, parce qu'il appartient à la patrie : il y a, dès lors, plusieurs sols; mais il n'y a qu'une seule patrie. Donc les différents sols et la patrie, nécessairement *une*, ne sont pas une même chose.

Aussi « la patrie du sol » devient-elle une expression inintelligible, à moins qu'on n'imagine plusieurs sortes de patrie, suivant les localités, et qu'on ne dise, par exemple, la patrie du ciel, pour les élus; la patrie des vaisseaux, pour les marins; la patrie des tentes, pour la tribu chez les peuples nomades; auquel cas on distingue très certainement l'enceinte, de ce qu'elle renferme, et le piedestal, de ce qu'il supporte : deux sortes d'idées en effet si différentes l'une de l'autre, qu'il est manifestement impossible de les confondre.

Servons-nous maintenant de ces expressions :

« L'union sociale et le sentiment national de la patrie. »

La seule manière de concevoir une telle locution consiste à faire de l'union sociale et du sentiment national l'attribut constitutif de la patrie; et il y aurait absurdité de prétendre que, l'union sociale et le sentiment national pouvant être de plusieurs sortes, comme on pouvait l'entendre du sol, on a voulu les désigner spécialement par la particularisation de patrie. Cette particularisation, ils la possèdent déjà en vertu de l'adjectif *sociale* et de l'épithète *national*, et cela dans le même sens que pourrait leur apporter le mot *patrie*, trop voisin de leur propre signification pour les définir.

Retournons l'expression ; et disons :

« La patrie de l'union sociale et du sentiment national. »

Ici, l'union et le sentiment sont tellement uniques dans leur espèce, en tant l'une que *sociale*, et l'autre que *national*, qu'il devient impossible d'user de la ressource qui nous avait permis d'imaginer, à l'occasion de l'idée de patrie, plusieurs contenants, tels que le ciel, les vaisseaux, le sol, etc. Il n'y a pas en effet deux unions sociales et deux sentiments nationaux pour la patrie; et toutes ces choses sont si intimement mêlées et liées les unes aux autres, qu'elles se confondent presque en une même idée, et que le pléonasme s'y fait sentir de tout côté.

On m'objectera peut-être, relativement au mot sentiment, que, puisque je me suis permis de distinguer la patrie du ciel, par exemple, de la patrie du sol terrestre, on pourrait aussi distinguer plusieurs patries, suivant les divers sentiments, et qu'on dirait fort bien : la patrie du désintéressement et la patrie de l'orgueil. A cela je répondrai qu'on ne dira jamais : la patrie de la patrie, et que c'est, au fond, à quoi se réduit l'assemblage des mots ; la patrie de l'union sociale et du sentiment national.

Reste à savoir ce qui constitue cette union et ce sentiment.

J'étais fort jeune en 1787, et voyageais en Suisse pour mon instruction. J'y fis connaissance avec un Alsacien ; et, à ma grande douleur (car moi aussi j'étais et serai toujours attaché à la puissance et à la splendeur de mon pays), à ma grande douleur, dis-je, à la suite d'une conversation assez animée, relative aux sentiments de sa province, conversation que je terminai par ces mots : « vous êtes Français aussi ? » je n'obtins pour réponse que ces trois mots : Oui, par force !

Je compris aussitôt que, bien que la situation géographique de l'Alsace fût propre à l'attacher à la France plutôt qu'à l'Allemagne, les mœurs, les souvenirs et la langue surtout du pays, plus puissante en cela que le sol, en rendaient et en rendraient encore, pendant des siècles peut-être, les habitants semi-étrangers pour nous.

Et cette vallée du Rhin, que la nature semble avoir posée pour être notre véritable frontière, me donne lieu de vous reproduire un argument auquel les sectateurs du sol en tant que patrie n'ont jamais pu répondre.

Huningue, leur ai-je dit, n'est éloigné de Bâle que d'une portée de canon.

Les habitants de ces deux villes ont la même origine, les mêmes mœurs; ils parlent la même langue; amis et parents, ils se connaissent tous, et foulent aux pieds le même sol. Pourquoi donc ne sont-ils pas compatriotes?

C'est que le lien social n'est pas le même pour eux, et que l'union au pouvoir, principe de la société, à ce pouvoir d'où découlent la vie et la direction, converge pour les uns vers la diète helvétique, et se concentre pour les autres dans la monarchie de la France.

Certes, le négociant provençal d'Antibes et l'agriculteur breton de Pontivy n'ont aucune relation entre eux; cependant ils sont membres d'une même patrie; comment le sont-ils, eux qui tirent leur origine de peuples inconnus les uns aux autres, ou peut-être même ennemis? Comment le sont-ils, si ce n'est parce que le lien d'une même autorité sociale les unit les uns aux autres (1).

Ne me parlez pas des Italiens modernes comme du même peuple que les anciens Romains, ni des

(1) Cette union toute morale est tellement différente du sol, qu'un étranger né à Paris, mais dont la naissance est enregistrée chez l'ambassadeur de sa nation, ne peut se dire Français; et qu'à son tour un Français, né à deux mille lieues du sol de la France, dans quelque colonie, ou mieux encore chez quelque peuple sauvage dont le nom est à peine connu en Europe, devient incontestablement notre compatriote, si ses parents parviennent à faire notifier sa naissance dans quelque bureau de nos consulats.

Grecs d'aujourd'hui, ni même de ceux du Bas-Empire comme de la même nation où brillaient les Thémistocle, les Aristide et les Léonidas.

Avez-vous jamais calculé le nombre d'aïeux de qui vous tenez le jour et qui vivaient tous à la même époque, en remontant à la quarantième génération, ou à mille ans en arrière.

Eh bien ! si les alliances entre parents ne diminuaient de beaucoup la progression, sans que pour cela le nombre de ces aïeux cesse d'être vraiment prodigieux, il aurait fallu qu'à cette quarantième génération on en comptât vivants *en même temps* plusieurs centaines de milliards (1), pour que leur sang, qui coule dans vos veines, contribuât mille ans après eux à votre existence.

Le calcul est aussi facile qu'indubitable, puisque votre père et votre mère, ayant eu chacun leur père et leur mère et ainsi de suite, obligent, à chaque génération, de multiplier par deux le nombre des êtres de qui vous descendez.

Et, les yeux fixés sur une carte géographique, M. Guizot ne voit en nous que des Francs et des Gaulois, lorsque nous sommes le mélange le plus confus de Bretons, de Vascons, de Visigoths, de Bourguignons, de Sarrasins même, etc.

---

(1) Le nombre exact serait de cinq cent quarante-sept milliards, cent quatre-vingt-sept millions neuf cent neuf mille huit cent quatre-vingt-huit aïeux vivants à la quarantième génération.

Il faut, en vérité, que les libéraux soient bien infatués d'idées de noblesse, quand ils font revivre, pour les Grecs du moyen-âge et pour ceux de notre époque, de prétendus ancêtres qu'ils trouveraient avec beaucoup plus de vérité chez les Goths, les Bulgares, les Catalans, etc., etc., que parmi des héros de républiques disparues depuis deux mille ans!

La patrie n'est pas plus l'histoire que le sol, lorsque cette histoire a été interrompue par des conquêtes ou par des révolutions dans lesquelles les anciens pouvoirs ont disparu, et qui à des corps sociaux expirés en ont fait succéder de nouveaux tout autrement animés.

Les mœurs et les souvenirs, bien qu'ils puissent survivre long-temps à une patrie qui n'est plus, ne suffisent pas pour la faire renaître; et, peu à peu, ils s'identifient avec l'existence même de celle qui d'abord ne s'était élevée que sur des ruines.

Ces notions sur la patrie sont, j'ose le dire, hors de toute contestation, parce qu'elles reposent sur une loi générale de la nature : celle de la formation de tous ses produits dès qu'ils cessent d'être bruts et qu'ils participent de l'organisation, laquelle, partout où l'on en aperçoit les traces, dérive nécessairement d'un pouvoir qui, entré dans l'exercice de la vie, doit parcourir toutes les périodes de ses développements.

Je conviens, du reste, qu'à l'idée de patrie sont

attachés des sentiments tout-à-fait respectables. Il en est un, je l'avoue, qui tient particulièrement au sol: c'est le charme que nous éprouvons, lorsqu'après une longue absence nous nous retrouvons dans les lieux qui nous rappellent les moments les plus heureux de notre vie, les souvenirs de notre enfance, et tant de liens si chers que l'implacable mort a souvent rompus avant le temps, mais dont les âmes bien nées conservent la mémoire jusqu'au dernier soupir.

Néanmoins, où trouve-t-on ce sentiment au plus haut degré et dans toute sa pureté?

C'est dans des pays d'une étendue resserrée, dans des républiques toutes primitives, ou même encore dans des provinces éloignées de ces foyers d'effervescense qu'alimentent nos grandes cités, et de ces tourbillons de gloire qui semblent destinés à entraîner les empires entiers dans leurs mouvements; et l'on ne disconviendra pas que les passions qu'ils y suscitent ne soient fort différentes des douces émotions de l'âme.

Disons-le: ce besoin de gloire et de domination, nécessaire peut-être à de grands peuples qui ont à se défendre contre de puissants ennemis, n'est pas toujours la source de sentiments irréprochables. Le patriotisme dans ce sens est sans doute le principe d'actions éclatantes. Tout citoyen qui appartient à une nation distinguée par les fastes de la gloire, se relève à ses propres yeux en se rangeant parmi les membres de cette grande unité sociale si renommée par toute la terre. Cet esprit, cependant, n'est pas d'une autre nature que l'esprit de famille et l'esprit de corps; il a ses grands avantages, mais aussi ses écarts et ses emportements; pourquoi le blâme-t-on avec tant de sévérité dans les corps et surtout dans les familles, où cependant il produit souvent de beaux et nobles effets? Soyons justes : tout est bien, sorti des mains du Créateur; mais, en tout, l'excès est à craindre.

Il n'y a cependant, certes, aucun excès à défendre jusqu'à la mort le sol de sa patrie; et, sous ce rapport, je suis le premier à entrer dans le sens de votre opinion.

Toutefois, c'est outrepasser le patriotisme que de vouloir accroître la puissance de son pays au-delà de ce qui est nécessaire pour qu'il n'ait pas d'ennemis à redouter, puisqu'alors on cherche à étendre sa domination sur des peuples qui, de leur côté, ont droit à l'indépendance. C'est précisément en vertu de ce droit d'indépendance, et, de plus, en vertu du droit de propriété de tout homme sur le champ qu'il possède légitimement, et même, je vous l'accorde de grand cœur, en vertu du besoin de tout peuple agricole, de jouir d'un territoire qui le porte et le nourrisse, qu'il est juste et glorieux de prendre les armes et de s'en servir avec un patriotique dévouement pour repousser les attaques de l'étranger et les envahissements qu'il médite. Honneur donc à nos guerriers qui ont défendu avec tant de courage le sol de la patrie; mais honneur sans amertume, si, moins présomptueux, ils n'étaient point sortis du cercle des connaissances stratégiques qui leur sont propres, et si, prenant parti dans des querelles politiques qui ne sont pas de leur noble métier, ils n'eussent pas grossièrement confondu la matière et l'esprit, le sol et la société!

Comment ont-ils pu se laisser prendre à ce pitoyable sophisme : que, parce qu'un peuple ne peut se lever tout entier, ni suivre son prince hors du territoire, le vers que Corneille met dans la bouche de Sertorius est une absurdité. Que fait au commandement le lieu d'où il est donné? Saint Louis était-il moins roi de France, parce que ses lois étaient apportées du fond de la Palestine; et Napoléon lui-même était-il moins obéi, parce que ses décrets étaient datés de Moscou? Que si vous opposez à un prince exilé son défaut de puissance, lorsque sur la terre étrangère, n'étant plus environné du cortége de ses défenseurs, sa voix ne leur parvient plus, et ses ordres demeurent sans exécution; dites-le-moi : le sol est-il pour quelque chose dans cet argument de pure révolte? La position du prince, s'il était retenu prisonnier dans ses propres États, ne serait-elle pas aussi une position d'impuissance, dans laquelle cependant ne pourrait plus se mêler ce reproche si faussement élevé contre le séjour hors du sol natal. O honte! Sujets insensés et rebelles, rentrez dans le devoir; la prison ou la frontière s'ouvre alors d'elle-même; votre roi reparaît au milieu de vous; et vous ne lui faites plus un crime de ce qui n'est que votre ouvrage, et ne subsiste que par votre persévérance dans vos orgueilleuses erreurs et dans votre iniquité.

Je me résume, Monsieur, et je crois avoir invinciblement prouvé que la maison de famille, quoique chère aux enfants par les souvenirs qu'elle leur rappelle, ne constitue ni les enfants ni la famille; que le lieu des séances d'un corps politique est fort différent de ce corps, quelque nécessaire d'ailleurs qu'il lui soit pour ses assemblées et pour ses délibérations, et que, par conséquent, le sol de la patrie n'est nullement identique avec cette patrie, c'est-à-dire avec la base morale de la société qui le peuple et y habite. C'est à mes yeux une question de nulle valeur, que celle de savoir si les principes que je dégage ici de leur obscurité ont été littéralement ceux des anciens temps et des générations qui nous ont précédés : nos pères suivaient la vérité beaucoup plus par besoin de position que par suite d'analyses sévères. Le siècle de ces analyses pour s'élever ensuite jusqu'aux points de vue générateurs, ce siècle, dis-je, est arrivé : c'est le nôtre. Tout a été remis en question : on ne peut plus rester dans l'incertitude ; il faut tout réasseoir, mais en avançant et non pas en rétrogradant, comme l'imaginent les libéraux qui, les yeux toujours fixés, sur des théories aussi fausses què superficielles, ne savent que reproduire, comme des vérités, des essais surannés qui, dans leur nouveauté, n'ont jamais eu d'autre mérite qu'une impardonnable légèreté, et une présomption plus impardonnable encore. Aussi, à leur grand étonnement, en toute science, tout prend aujourd'hui, dans les solutions qu'ils cherchaient, la direction inverse de ce qu'ils s'étaient promis ; direction d'autant plus pénible pour eux, que leurs tentatives de destruction n'auront donné lieu qu'à des réintégrations, fondées sur des arguments bien plus puissants que ceux dont, autrefois, ils s'étaient flattés de triompher presque sans combat. Vous avez, Monsieur, défendu votre opinion avec beaucoup de lucidité et avec toute la conviction que donne un esprit juste, mais qui, permettez-moi de vous en faire l'observation, s'est laissé décevoir par de vaines apparences dont votre siècle est imbu. Cependant vous avez évidemment trop de rectitude dans le jugement pour que je ne doive pas me flatter de vous avoir ébranlé, jusqu'à ce qu'une plus mûre réflexion vous range entièrement de mon avis. J'en ai l'espoir, et je vous prie de recevoir l'assurance de l'estime que m'a inspirée la franchise de votre lettre, et d'agréer l'expression de ma considération très distinguée.

Signé Comte DE SAINT-ROMAN.

Méréville, ce 13 janvier 1835.

RÉPONSE DE M. RÉDARÈS.

Monsieur le Comte,

Notre siècle est celui des folies politiques et littéraires, et surtout de la polémique ; on aime à guerroyer, à philosopher, à s'évertuer sur des riens ; et dans ces combats de l'orgueil et de l'amour-propre, plus on fait de bruit, plus on acquiert de célébrité. C'est la mode au reste, d'être bavard, impertinent et menteur ; et la mode, vous le savez, c'est le bon goût, c'est l'âme de la bonne compagnie. Ainsi, notre siècle est couvert d'un vernis d'impudence et de fatuité, qui lui donne assez la physionomie d'un théâtre de baladins. Pour moi, qui suis né dans la même année où Pierre-l'Ermite prêcha la première croisade, je trouve tout cela original, pittoresque et passablement comique; et si j'avais un petit coin de terre où je pusse poser mon pied, ce serait un passe-temps bien agréable pour moi d'être le spectateur bénévole des scènes burlesco-philosophico-politiques, que fait naître le mouvement social de notre époque.

Parmi tant d'astres qui éclairent l'horison de 1830, remarquez, je vous prie, cette myriade de charlatans politiques, qui règlent leurs tons et leurs gestes sur le thermomètre du pouvoir; tous ces gens-là sont de grands parleurs, de grands raisonneurs, de grands ergoteurs, et de plus, les premiers comédiens de notre siècle. Après eux, il faut en convenir, toutes les classes de la société sont imprégnées du désir de batailler; il n'est pas jusqu'à l'homme sage et consciencieux qui ne se laisse aller à cet entraînement universel. Cela ne dit pas que nous soyons entièrement fous; mais cela prouve que nous avons notre spécialité contemporaine, notre signe particulier et caractéristique.

Toutefois, le peuple qui parle politique n'est pas un peuple bien dangereux; car s'il n'a pas la science et la sagesse pour lui, il a l'instinct de son intérêt et de sa conservation. Dans le délire de son enthousiasme, et au milieu des séductions que lui présentent les illusions d'une liberté sans bornes, on peut le tromper et l'entraîner dans une fausse route; mais il ne reste pas long-temps dans l'erreur, et alors il devient l'ennemi de ceux qui l'ont égaré.

Je ne crois donc pas que le défaut capital de notre époque soit un signe de mort pour la société mais les arlequinades, les charlatanerics des hommes du jour et leur indifférence pour les principes, peuvent lui devenir funestes. Cette longue scène d'immoralités, de scandales et de perfidies, peut pervertir le peuple, et détruire l'esprit de nationalité et de patriotisme sans lequel une nation ne reste pas long-temps debout. Ce n'est pas aujourd'hui, Monsieur, que je passerai en revue ce troupeau d'égoïstes forcenés, qui se font un jeu de la confiance et de la bonne foi publiques; je laisse ce grave sujet pour un moment où je serai plus tranquille; je veux seulement vous faire remarquer que la différence qui existe entre votre opinion et la mienne, sur le sens du mot *patrie*, est peu de chose.

Si, dans ma première lettre, j'ai dit: « La patrie, c'est le sol » j'ai fait une erreur; mais je crois m'être exprimé ainsi: « Là où est le sol, est la patrie, » et dans ce cas, je n'ai rien émis que de juste et de positif. Lorsque le philosophe romain disait: « *Ubi panis, ibi patria*, » il ne voulait pas faire entendre que la terre végétale de Rome était la patrie, mais bien que la patrie d'un Romain était circonscrite dans la ligne géographique qui renfermait le territoire de Rome, parce que là était l'âme de sa vie sociale, là il avait reçu le stigmate de citoyen romain. Ainsi l'ont entendu tous les historiens et tous les poètes de l'antiquité ; et il n'est pas un auteur qui n'ait confondu, en parlant de patrie, le sol et les institutions.

Dulce et decorum est pro patriâ mori, dit Horace.

Voici donc la différence qui existe entre votre opinion et la mienne : vous, Monsieur le Comte, vous dites : « Je vois l'idée principale de patrie dans le principe du gouvernement qui sert de lien commun à tout un peuple, ou, en d'autres termes, dans le corps social ; moi, je réponds : « Cette définition n'est pas fausse, mais elle n'est pas assez étendue ; elle laisse quelque chose à désirer. L'idée principale de patrie n'est pas seulement dans la loi fondamentale et dans les lois organiques du corps politique, mais aussi dans la moralité d'un peuple, c'est-à-dire dans ses mœurs, ses coutumes, ses usages, ses manières, et enfin dans une foule de spécialités originaires, qui sont autant de lois locales qui attachent au sol, et lui donnent un caractère spécifique.

En voyant leur patrie sous le joug des tyrans, en proie à la plus cruelle anarchie, que Sertorius et Condé se soient permis quelques velléités d'amour-propre, eux qui défendaient avec courage les lois et les institutions de leur pays, cela n'a rien que de tolérable; ces guerriers, exilés et malheureux, se servaient d'une fleur de rhétorique qui faisait image; c'était une heureuse allusion à leur fidélité. Mais nous, Monsieur, qui parlons en philosophes, et qui faisons de la dialectique en hommes d'État, nous devons dire: c'est dans le sol que s'est formée notre moralité, et avec elle le noyau social; c'est dans le sol que se sont élaborées nos lois morales, politiques et religieuses; or, dans le sol est la patrie et hors du sol point de patrie.

Je me résume, Monsieur; car vous n'ignorez pas que le sujet que nous traitons comprend la matière de plusieurs volumes. Accordez-moi que François II et M. de Metternich, voyageant pour leur agrément en France ou en Russie, ne pourraient pas raisonnablement dire: « Notre patrie est là où nous sommes, » et moi, je conviendrai volontiers que Cimon, Thémistocle, Aristide, Sertorius, Condé et tous les illustres citoyens que la force, l'usurpation et quelquefois l'injustice des peuples ont repoussés de leur patrie, étaient les plus fermes appuis des lois qui en faisaient le bonheur et la gloire, et que, dans un moment de juste indignation, ils pouvaient dire: « La patrie, c'est nous! »

Je suis avec respect, Monsieur le Comte, votre obéissant serviteur.

M. RÉDARÈS.

22 janvier 1835.

TROISIÈME LETTRE

DE M. DE SAINT-ROMAN A M. RÉDARÈS.

Votre dernière lettre, Monsieur, a achevé de me convaincre, non-seulement que nous étions presque entièrement de la même opinion, mais bien plus, que, comparativement à votre manière d'envisager les problèmes que notre siècle n'a pas même encore distinctement posés, j'étais le *novateur* et vous le *stationnaire*.

Je me garde, Monsieur, de vous en faire un reproche; car, bien qu'à mes yeux il soit incontestable que de grands et même d'immenses progrès ont été faits depuis deux ou trois siècles dans plusieurs embranchements des connaissances humaines, je soutiens que ces progrès ont été tout en superficie, et qu'il est plus que temps de les diriger dans l'intimité des questions qu'on n'a fait que parcourir.

Alors (les recherches auxquelles j'ai consacré une portion assez notable de ma vie m'en donnent, j'ose le dire, l'assurance), il deviendra possible de réasseoir, avec de grands progrès aussi en certitude et en précision, ce que nos pères recevaient de confiance et de persuasion.

Quant aux nouvelles réflexions que renferme votre lettre, elles sont présentées avec force et d'une manière aussi claire que spirituelle; mais elles se réduisent cependant à m'objecter que je n'ai pas saisi mon sujet dans toute son étendue.

Je vous aurais répondu plus tôt, si déjà je n'eusse été dans les occupations qu'entraînait mon départ de la campagne pour revenir dans la capitale, où, de retour depuis deux jours, je compte passer deux ou trois mois au plus, qui feront trève à un grand travail que, depuis longtemps, j'ai entrepris sur des matières très abstraites et de haute philosophie.

Ma réponse pourrait être fort courte. La voici, avec quelques détails de plus que je ne l'avais d'abord projeté.

L'organisation morale qui forme toute société, et en particulier la société politique, a des lois analogues à celles des diverses organisations physiques.

Ces organisations, même après que la mort les a fait disparaître de la surface de la terre, ne sont pas sans liaison avec celles qui leur succèdent.

Les *detritus* provenant de végétaux, et même d'animaux qui depuis long-temps ont cessé d'exister, n'en communiquent pas moins aux nouvelles plantes qui naissent sur le terrain où ils sont jonchés des qualités particulières qu'ils leur transmettent.

Il en est de même des sociétés politiques qui ont péri, et qui cependant ont laissé après elles des lois, des coutumes et des mœurs, qui se sont plus ou moins incorporées avec les sociétés nouvelles.

Mais ces lois, ces coutumes et ces mœurs, ne sont pas, comme vous semblez le penser, les sociétés mêmes (1).

Celles-ci ne peuvent résulter que d'un principe vital, et en un mot, d'un pouvoir auquel chacun vient se réunir, et qui communique le mouvement et la direction à tout l'ensemble.

L'autorité des historiens en pareille matière est donc fort différente de celle des publicistes; et il est facile de concevoir qu'elle doit être d'un bien moindre poids.

Il est permis aux premiers de voir des nations *continuées* par les mœurs, les lois et les croyances, où les autres, pour être conséquents aux principes, ne peuvent reconnaître, *en tant que sociétés*, que des nations *nouvelles*.

La raison en est bien simple : c'est que les *publicistes parlent* DROIT et ne peuvent parler autre

---

(1) On reviendra dans une autre lettre sur le sens à donner aux mots *lois* et *mœurs*, et sur leur double caractère suivant qu'ils se rapportent au principe fondamental ou au développement des sociétés.

chose, tandis que les historiens ne doivent entretenir leurs lecteurs que des transitions d'un temps à un autre.

L'idée de *nation*, on le voit, est donc nécessairement bien plus précise pour l'analiste du droit et des engagements, qu'elle ne l'est pour quiconque se sert du même mot dans un sens, j'en conviens, plus étendu, mais aussi tellement vague, qu'il ne saurait convenir qu'à des narrations de faits trop divers et trop subdivisés dans leur nature pour que des sciences de pur raisonnement en puissent faire leur base.

Vous le sentez, Monsieur : dans nos dissertations, ce n'est pas d'histoire, mais de droit qu'il doit être question.

Il faut donc toujours en revenir à ce point, que, lorsqu'on parle assemblage, lien du libre arbitre, en un mot, droit d'union, et qu'on veut en faire usage à l'occasion du mot *nation*, il est impossible d'envisager cette dernière expression autrement que comme désignant une société politique; et dans la nature, je ne puis trop le répéter, cette société résulte de l'adhésion commune à un pouvoir vivificateur et directeur de tout le corps.

Mais outre la société politique, il peut en exister d'autres : la société religieuse, par exemple.

En ce sens, lorsque Henri VIII fit la révolution qui rendit l'Angleterre protestante, il n'y eut pas de dissolution de la société politique, bien qu'un tel changement eût fort bien pu en devenir, comme la chose arriva par la suite, une cause très puissante et très active.

Cette puissance dissolvante est loin de se retrouver au même degré dans le changement des mœurs et des coutumes.

Celles-ci, le plus souvent, se modifient insensiblement, sans que la société politique en soit radicalement altérée; et assurément, ce qui restait de la féodalité avant la révolution de 1790 ressemblait fort peu à la féodalité de quatre ou cinq cents ans en arrière.

Si donc, comme je viens de le prouver par l'exemple de l'Angleterre, une révolution religieuse même a été impuissante pour dissoudre l'unité politique, ou, en d'autres termes, la nation en tant que société distinctement unie dans tous ses membres, comment pourrait-on être fondé à soutenir que les mœurs seules font les nations?

Ces mœurs éprouvassent-elles de brusques changements, ce qui pourtant est assez rare, le corps de nation resterait toujours subsistant, à moins que le pouvoir fondamental et *aggrégateur* par essence ne disparût et ne donnât lieu, par son remplacement, à une nouvelle réunion, à laquelle chaque individu, s'il est question de droit, serait tout aussi libre de refuser son accession, que, dans la révolution introduite par Henri VIII, tout homme religieux demeurait consciencieusement libre de refuser sa participation et son assentiment à la communion nouvelle.

Quel homme, fidèle à la religion catholique, n'a pas le droit de qualifier *religion* et *communion nouvelle* la prétendue réforme de Luther et de Calvin?

Qui pourra donc contester à un vrai logicien la qualification de *nation nouvelle*, c'est-à-dire *de société d'intrusion politique*, qu'il donnerait à l'association infidèle des Français, réunis depuis 1789 sous le drapeau de l'insurrection et de la dissolution de l'ancien ordre monarchique?

Agréez itérativement, Monsieur, l'assurance de ma considération toute particulière; et si de nouveaux éclaircissements vous semblaient nécessaires, veuillez bien me le mander à mon adresse à Paris.

Comte DE SAINT-ROMAN.

Paris, ce 4 février 1835.

RÉPONSE DE M. RÉDARÈS.

Monsieur le Comte,

Une plume exercée et facile comme la vôtre, qui sait mettre à profit une immense érudition et un sage discernement, peut aisément se jouer d'un sujet et lui donner une physionomie nouvelle, sans pour cela lui faire perdre la spécialité qui lui est propre. Je ne veux pas vous accuser d'abuser de votre beau talent; mais je trouve que vous aimez trop à faire quelque chose de rien, et en cela, nous différons essentiellement l'un de l'autre. Soit que je ne veuille pas, soit que je ne puisse pas approfondir un sujet, mon habitude à moi, c'est de faire comme l'hirondelle, de raser les bords, d'effleurer toutes les surfaces. Je me méfie trop, du reste, de la science humaine, pour la mettre toujours en jeu; et je crains, en faisant l'érudit, de débiter du pathos ou de faire de superbes bévues. Cependant, lorsque le suet est grave, j'aime à m'éclairer et à prendre des leçons des personnes plus instruites que moi. Votre correspondance, Monsieur, m'a été utile, mais elle ne m'a pas entièrement convaincu sur votre manière de comprendre le mot patrie. Avant de discuter sur le sujet principal de votre lettre, permettez-moi de vous faire remarquer que l'organisation des plantes n'a aucune analogie avec l'organisation des sociétés humaines, et que l'une et l'autre ont une origine étrangère et absolument indépendante.

Le type originaire des espèces végétales est dans l'embryon, comme celui des races d'hommes, dans le fœtus. Les détritus des végétaux décomposés et détruits par l'humidité et ensuite mûris par le soleil forme les engrais, qui renferment les principes fertilisants à l'aide desquels la plante prend sa vie matérielle, de même que le pain et les autres substances dont les hommes font usage alimentent purement et simplement leur corps; mais laissons au naturaliste le soin de développer dans toute son étendue ce point de physiologie végétale qui sent un peu trop le matérialisme, et revenons à notre discussion.

Décidément vous voulez que la patrie soit essentiellement et souverainement dans le corps politique et dans les lois qui le constituent. Savez-vous, Monsieur, que l'esprit de système est bien exclusif et bien despotique? Savez-vous qu'il y a un peu de vanité à ne jamais rien céder aux opinions d'autrui? D'après vous, Virgile, Horace, Cicéron, tous les écrivains de l'antiquité grecque et latine, n'ont point compris le sens propre de patrie. Il n'y a que les publicistes modernes qui ont eu cet avantage : eh bien! j'interroge un publiciste contemporain; je lui demande ce qu'il entend par peuple, nation, patrie; « Ces trois mots, me dit-il, sont à peu près synonymes; ils rappellent à l'esprit une agglomération d'hommes unis par un lien commun, et par des droits et des engagements réciproques. » Eh! qui a fait naître ce lien, ces droits, ces engagements? N'est-ce pas la sympathie, la mutualité, les rapports de goût et de convenances entre les hommes? Oui sans doute. C'est donc la moralité qui a donné la vie aux lois politiques: tout droit qui n'est pas basé sur une réciprocité d'intérêts n'est pas un droit; toute loi qui ne puise pas son esprit dans les mœurs est une mauvaise loi; tout lien qui n'a pas pour nœud la sympathie est un esclavage.

Que si, maintenant, vous voulez systématiser et établir un principe unique de sociabilité autre que les affections, ou plutôt les habitudes morales, vous tombez dans l'absurde; le lien politique de la nation musulmane n'est pas le même que celui de la nation française; les lois des Chinois sont différentes de celles des Anglais, et les droits (excepté les droits naturels, qui, vous le savez, sont aussi peu respectés des gouvernants que des gouvernés) sont relatifs à la spécialité de la communauté; nous autres, nous reconnaissons la légitimité comme un droit sacré, inaliénable, et inhérent au pouvoir monarchique; allez parler de ce droit à un Américain ou à un Suisse; ils vous diront que c'est le plus étrange des préjugés.

Je suis avec respect, Monsieur le Comte, votre obéissant serviteur,

M. Rédarès.

7 février 1835.

QUATRIÈME LETTRE

DE M. DE SAINT-ROMAN A M. RÉDARÈS.

Attachant, Monsieur, de l'importance à vous prouver que mes doctrines sont précisément l'antipode du matérialisme; qu'elles tendraient bien plutôt à favoriser l'introduction du spiritualisme universel; qu'il n'y a rien de contraire à la spiritualité dans ce que je vous ai dit des *detritus* de végétaux et d'animaux, qui transmettent des vestiges de leurs qualités aux plantes nourries dans leur accroissement par l'engrais qu'ils communiquent à la terre; qu'au point où sont parvenues les sciences modernes, ce n'est plus de type qu'il doit être question à l'occasion du fœtus et des embryons, mais bien de purs germes, c'est-à-dire d'*actions initiantes,* si je puis m'exprimer ainsi, appartenant à des forces ou à des pouvoirs qui, tout immatériels qu'ils doivent être, sont fort différents de l'âme et de la raison humaine, à qui seuls, ici-bas, le bien et le mal, le juste et l'injuste se font apercevoir; attachant, dis-je, de l'importance à vous prouver toutes ces choses, je vous prie, si cela vous est possible, de venir en conférer chez moi. De cette manière nous épargnerions bien du temps; non que je veuille, par cet entretien, mettre fin à notre correspondance : j'aurai encore au moins une très grande lettre à vous écrire; mais après vous avoir vu, je connaîtrai mieux les points sur lesquels, pour vous convaincre, il sera à propos que j'insiste.

J'ai aussi, pour achever de traiter à fond ce qui concerne le mot *patrie*, à vous rendre palpable la différence des temps anciens et des temps modernes.

Chez les peuplades errantes et primitives, on est tellement environné de périls sans cesse renaissants, que les attachements y sont tout militaires : chacun y est connu par son nom. Hors du rassemblement, on n'a devant les yeux d'autre image que la mort.

Il n'en est plus de même chez les peuples modernes : les citoyens n'y sont unis entre eux que par le lien social, et la fidélité, comme je l'ai dit bien des fois, est le vrai patriotisme de notre temps.

Ne soyons donc pas étonnés que les anciens, Virgile, Cicéron, etc., etc., aient eu de la patrie des idées fort différentes de celles que comporte l'âge du monde où nous sommes parvenus.

J'aurais aussi à vous faire observer comment, dans les sociétés politiques dénommées *nations*, la nature tient toujours en présence, non pas des balancements factices de pouvoirs, comme on en imagine, de nos jours, dans nos prétendues constitutions, mais deux forces opposées; l'une *active*, celle du commandement; et l'autre *inerte*, celle de la résistance; ou, autrement dit, la force résultant d'une certaine disposition de lenteur mal assouplie et de peu d'empressement dans l'obéissance.

Cette disposition a ses dangers et ses avantages.

Elle peut, sur de faux motifs, se porter de l'inertie jusqu'à la révolte; mais aussi, lorsque les motifs sont fondés, la crainte que le commandement éprouve des conséquences qui ne sauraient manquer de se produire devient un frein presque toujours assuré, dont l'effet est de prévenir les excès du pouvoir par la vue des maux qu'il se prépare à lui-même; et c'est un des grands avantages attachés à l'existence de cette force.

Il est presque impossible que le commandement agisse autrement que par l'isolement, et en prenant, pour ainsi dire, les hommes *un à un*.

Dans l'état primitif des choses, l'isolement est grand chez les peuples conquérants, dont les soldats et les sujets sont disséminés sur de vastes territoires.

Là, le despotisme peut les saisir et s'en défaire s'il le juge à propos, avant que leurs cris soient entendus de leurs concitoyens et les aient excités à voler à leur secours.

Ces seuls mots, *voler au secours de ses concitoyens opprimés*, suffisent pour rendre évidente la nature de la force de résistance : elle est toute d'agglomération.

Certes, il y a bien autant de danger de ce côté, pour la société, qu'il peut y en avoir dans la division d'individu à individu, qui rend puissante la force de commandement.

Or, aujourd'hui que les communications entre es hommes, non-seulement de province à province dans un même empire, mais de peuple à peuple sur toute la surface de la terre, sont d'une indicible rapidité, je laisse à juger de quelle part doit provenir le péril pour les sociétés humaines, de l'isolement ou de l'agglomération.

Et cependant, telle est la marche routinière empruntée de temps qui ne sont plus, que toutes les précautions, jusqu'à présent, ont été prises contre le commandement. Il est vrai que maintenant on commence à se défier extrêmement de l'esprit de révolte, et que, les hommes passant presque toujours d'un extrême à l'autre, bientôt peut-être on cherchera à opposer les plus fortes digues à des agglomérations devenues de jour en jour plus formidables.

Qu'arriverait-il de là? Qu'on finirait par tomber sous le bras de fer du despotisme militaire le plus absolu, si la légitimité ne reparaissait chez les hommes, et si ses droits devenus inattaquables ne lui rendaient à elle-même la confiance en sa propre existence, confiance d'où naît la plus grande liberté parmi les sujets, puisque le pouvoir qui ne craint rien pour lui les laisse, par une pente naturelle, tout dire et presque tout faire.

Cette légitimité, je vous prie de le remarquer, n'appartient pas seulement aux états monarchiques; et dans ce moment même, les cantons démocratiques de Suisse, en se refusant obstinément à la nouvelle constitution qu'entendent imposer les révolutionnaires à l'aide on ne sait de quelle prétendue majorité, montrent qu'ils entendent ce dogme tout aussi bien que les royalistes de France.

En attendant que j'aie le plaisir de m'entretenir avec vous dans notre conférence, où j'espère vous démontrer que ce que vous croyez système de ma part n'est que l'observation plus exacte des procédés de la nature (car elle aussi, ayant son ordre, a par conséquent son système, qui n'est autre chose que la vérité), agréez l'assurance de toute ma considération,

Comte DE SAINT-ROMAN.

Paris, ce samedi 7 février 1835.

RÉPONSE DE M. RÉDARÈS.

Monsieur le Comte,

Si je n'avais pas trente ans d'expérience, je pourrais me ranger sous un drapeau et suivre, en guerroyant, le mouvement insurrectionnel des opinions qui divisent le monde politique; mais depuis le premier acte révolutionnaire jusqu'au second, j'ai pesé la conscience des partis vainqueurs et des partis vaincus : c'est assez dire que je ne puis entrer dans leurs querelles. L'égoïsme, qui, depuis si long-temps, fait métier et marchandise des opinions et des principes; l'égoïsme, que j'ai vu dans tous les temps marcher de front avec les favoris du pouvoir et tracer la ligne de leur conduite, m'a toujours fait craindre les revirements et les innovations: voilà pourquoi j'ai constamment sacrifié le principe à l'ordre et le droit aux faits. J'ai été républicain sous la république, napoléoniste sous l'empire, royaliste sous les Bourbons, juste-milieu sous le régime doctrinaire, et cela sans avoir jamais vendu ma conscience et mon serment aux ambitieux qui ont désolé ma patrie. Cette conduite insignifiante et pacifique ne m'a pas empêché de tourner autour du cercle des idées philosophiques qui dominent mon siècle : j'ai étudié le génie social, et dans les éléments qui composent les corps politiques, j'ai cherché le principe qui leur donne l'animation et la force, et j'ai cru l'avoir trouvé dans la légitimité.

Les philosophes qui ont voulu édifier un nouveau monde sur les ruines de l'ancien ont créé une souveraineté imaginaire, pour l'opposer à la puissance légitime des rois. Ils ont fait du peuple une individualité ; ils lui ont donné des oreilles, des yeux, une intelligence et un discernement. Mais un être moral, soumis à une force d'inertie qui lui interdit toute action volontaire, ne peut ni s'apprécier ni se connaître, et comme il n'a aucune qualité facultative et dirigeante, il ne saurait se gouverner ni ordonner qu'on le gouverne. La souveraineté, supposant la puissance de vouloir et de pouvoir faire ce qui est nécessaire au salut de tous, appartient essentiellement à un être intelligent et libre.

Cependant la souveraineté du peuple a un attrait pour la raison ; elle fait naître dans l'esprit du philosophe un sentiment d'orgueil qui absorbe sa sagesse et sa prévoyance ; comme toutes les brillantes créations du génie, elle a ses croyants et ses fanatiques ; moi-même, séduit par cette spécieuse erreur, j'ai fouillé dans l'histoire du genre humain et remonté par-delà les sources de la civilisation pour trouver un exemple de pure démocratie, afin de pouvoir établir sa réalité sociale. La nature, que j'ai interrogée, m'a montré partout l'inégalité et la diversité comme principes de la création des êtres; là s'est trouvée pour moi l'impossibilité de former, parmi les agglomérations d'hommes, une volonté souveraine et unanime. Dans le vaste réservoir des temps, j'ai vu les hommes jouir, sans ménagements et sans contrainte, de leurs supériorités individuelles. J'ai vu le courage et l'audace disposer des destinées des nations. J'ai vu le pouvoir de la force sur la faiblesse et l'influence du génie sur l'ignorance. Parmi les hordes sauvages, les plus courageux et les plus habiles impriment le mouvement; chez les peuples nomades, ce sont les capacités physiques et morales qui gouvernent; dans les États civilisés et libres, la souveraineté du peuple n'est qu'un mensonge vivant qui sert aux ambitieux pour despotiser les esprits; à Sparte, à Athènes, le peuple assemblé vote unanimement et universellement, mais jamais sous l'empire d'une volonté libre et raisonnée; partout le petit nombre entraîne le grand, partout les masses aveugles se soumettent en esclaves aux caprices d'une volonté prépondérante: de sorte que le vote souverain n'est jamais que l'expression de quelques-uns.

Peu satisfait de mes recherches dans le passé, et entraîné par le charme de mon illusion, j'ai suivi les ondulations du mouvement social, et me plaçant à la hauteur de la raison civilisatrice du siècle, j'ai cru qu'en prenant pour peuple, non pas le peuple proprement dit, mais toutes les divisions, toutes les catégories d'individualités que l'opinion républicaine appelle le souverain, on pourrait établir le gouvernement démocratique : eh bien ! j'ai étudié, médité, analysé, et je me suis convaincu que dans les capacités sociales se trouvent les plus grandes incapacités patriotiques; que cette classe d'hommes intelligents est remplie d'égoïstes, d'ambitieux, de fourbes, d'hypocrites et d'imposteurs. Enfin, j'ai créé un monde imaginaire : j'ai supposé une nation de savants et de philosophes; mais en jugeant par analogie depuis Aristote et Platon jusqu'à MM. Thiers et Cousin, j'ai vu que la souveraineté du peuple est encore moins possible avec de pareils hommes qu'avec des ignorants de bonne foi. C'est ainsi qu'en étudiant tous les temps, tous les lieux, toutes les nations, tous les gouvernements, je suis parvenu à éclairer ma raison et à me convaincre que le principe de la souveraineté du peuple n'a point une origine naturelle, que c'est une utopie de philosophes, et qu'il est impossible de l'admettre dans aucune combinaison sociale.

Cependant, si la souveraineté n'appartient pas

au peuple, à qui appartient-elle ? Quel téméraire osera s'écrier, comme Louis XIV : « L'État, c'est moi ? » Je voudrais bien, Monsieur le Comte, que ceux qui n'ont jamais connu d'autre autorité que celle qui naît du hasard et des circonstances, et qui sont maintenant assis sur la couche horisontale des prospérités humaines, pussent me dire si le plus heureux ou le plus habile, le conquérant le plus sage ou le tyran le plus cruel, peuvent tour à tour revendiquer le pouvoir souverain ; s'il appartient à une fraction populaire en révolte, ou à quelques factieux triomphants, d'imposer un maître à la société ; si enfin la force brutale ou l'insolente fortune sont des principes organisateurs et peuvent servir de base à l'ordre politique. Maintenant, l'opinion de pareils hommes serait curieuse : car non-seulement elle impliquerait contradiction entre ce qu'ils ont fait et ce qu'ils font ; mais elle prouverait encore que l'homme politique est une girouette mouvante, qui ne reste en repos que lorsque la fortune l'a fixée au haut de sa roue.

Toutefois ne faisons pas un mauvais procès ou plutôt une mauvaise plaisanterie à nos hommes d'État ; car ils pourraient nous répliquer, avec raison : « Ce que nous faisons, d'autres l'ont fait avant nous, et d'autres après nous le feront encore. » Je dis donc que, si la société a besoin pour exister d'un pouvoir indépendant et souverain, ce pouvoir doit sa vie à un principe qui naît de la nature des choses et de la chaîne des droits et des devoirs de l'homme social. Ce principe, je le reconnais, ainsi que les publicistes les plus profonds et les plus sages, dans la légitimité; voilà pourquoi, fort de mes convictions et de mon expérience, je le défendrai toujours contre l'incrédulité du peuple et contre l'hypocrisie des ambitieux.

Si je voulais prouver la légitimité des races royales par le témoignage de l'histoire, je remonterais à la source divine de la sociabilité, et parlant le langage de ma foi et de mes affections, je montrerais Dieu, présidant aux destinées de son peuple, établissant la force gouvernante sur l'unité d'action et de volonté, et consacrant le pouvoir souverain dans la famille des patriarches ou dans celle des rois; mais je ne veux point donner à l'impie le malin plaisir de me combattre avec ses armes accoutumées; je ne veux point qu'il puisse me dire: « Vous êtes un prêtre fanatique, un ignorant stupide et grossier; » je vais faire le matérialiste, parler comme lui le langage des probabilités, et le suivre sur le terrain de sa dialectique.

La légitimité est le principe qui dérive des conditions réciproques faites entre les hommes, et consacrées par la nature et par la raison; par elle tout se lie, tout s'enchaîne dans l'ordre et dans l'esprit de la loi commune; c'est elle qui imprime le caractère de la propriété et du droit ; elle établit, elle conserve, elle perpétue ; elle est à la société ce que l'âme est au corps, et le lien social n'est autre chose que l'enchaînement naturel de tous les droits légitimes. La secte philosophique, qui a voulu tout constitutionnaliser, tout niveler sur le principe de la loi naturelle, n'a pas osé imiter les Spartiates : elle a respecté l'ordre des successions légitimes ; seulement elle a dénié aux races royales le droit d'hériter du pouvoir royal, se fondant sur ce que ce droit appartient au peuple. C'est ainsi que, par une subtilité de sophiste, elle a voulu intervertir l'ordre naturel et faire une exception dans les successions héréditaires ; mais la légitimité est un principe de sociabilité, une faculté sociale inhérente au droit de propriété, et comme telle, elle est une et indivisible ; elle est pour chacun et pour tous, et la société elle-même ne peut en priver qui que ce soit sans violer les conditions de son existence. C'est bien parce qu'elle a violé cette condition dans la personne du monarque, que, depuis 89, elle a tourné dans un cercle vicieux où elle n'a trouvé ni tranquillité ni bonheur. Quelques efforts qu'on fasse, on ne peut faire que ce qui est ne soit pas ; on ne peut rétablir l'ordre sans le principe qui lui donne la vie : rappelez le principe, et l'ordre renaîtra.

Je laisse Rousseau se perdre dans la nuit des

temps pour chercher la cause du lien social. Je sais que les inégalités physiques ont fait naître les inégalités sociales; que la nature, en se dépouillant, par la civilisation, de ses formes sauvages, n'a rien perdu de ses appétits et de ses penchants, et cela me suffit pour connaître l'homme, et pour être convaincu qu'il n'a jamais rien fait que pour lui-même : l'égoïsme de chacun a fait le salut de tous; on s'est rapproché pour s'aider, on s'est lié pour ne plus se craindre, et le premier chaînon de l'esclavage fut un premier pas vers la liberté. S'il fut une époque où l'homme ne connut point le tien et le mien, cette époque, qui remonte à l'état sauvage, dut être celle de l'agglomération, et non celle de l'affiliation : on ne s'associe que lorsqu'on a des intérêts à conserver; on ne stipule des droits et des devoirs que lorsqu'il existe des craintes et des méfiances réciproques. Ainsi, la société naquit avec le droit de propriété, et sous l'empire d'un instinct conservateur : du moment que chacun eut son coin de terre, ses chèvres et ses brebis, il y eut rapport d'intérêt; le contrat d'union se forma spontanément sans le concours individuel et volontaire; il devint la cause première et médiate du salut de l'espèce, et tout ce qui en dériva fut sacré et obligatoire pour tous.

Si, dans cet état de jeunesse et de virginité, la société avait eu une volonté libre, si elle avait pu exprimer son *volo* et dire à la force et au génie : « Vous ne sortirez pas du cercle tracé par la justice naturelle, » le lien politique n'aurait jamais été qu'un lien de famille, et le pouvoir, qu'une faveur temporaire accordée à la vieillesse ou à la paternité. Mais son existence étant morale et collective, elle ne pouvait avoir un vouloir homogène et indivisible, dont l'action unique et souveraine commandât à deux puissances de la nature, qui se montraient ambitieuses et cupides, et dans un état continuel d'usurpation et d'empiètement.

Cependant ce désir envahisseur de la force et du génie était incompatible avec l'ordre qui maintient l'équilibre des droits et des devoirs; livré à lui-même, il aurait tout bouleversé, tout confondu, et l'association serait devenue impossible. Mais, pour le contraindre et le refouler dans le cercle de la loi commune, une puissance indépendante et souveraine surgit du sein de l'union et devint son élément de conservation et de durée. Cette puissance, comme née de l'ensemble des lois primitives, comme partie constituante du corps social, fut imprescriptible et inaliénable; et comme elle n'était ni donnée, ni octroyée par personne, elle fut sans condition et sans réserve : or, dans quelque main que Dieu la place, soit dans celle d'un soldat heureux, soit dans celle d'un sage habile, elle devient héréditaire et légitime.

Ainsi, partout où se trouve quelque trace de civilisation, chez les peuples primitifs, comme chez les peuples vieillis dans les vicissitudes politiques, s'il se forme naturellement, et comme par *juxta-position*, un pouvoir souverain héréditaire, ce pouvoir ne doit son origine ni à l'épée d'un conquérant, ni à la sagesse d'un législateur, mais à la société elle-même. C'est en elle que s'en trouve le germe; et c'est par elle et pour elle qu'il se développe et grandit: voilà pourquoi le pouvoir héréditaire, comme organe de force et de vie, comme moteur unique et souverain, est la cause première de la conservation et de la durée des États, le véhicule de toutes les sympathies, de toutes les liaisons, de tous les rapports, et la source de la paix et de l'union; voilà pourquoi, partout où ce pouvoir est interverti ou méconnu, il y a anarchie et désordre. Les Indous, les Chinois, les Perses, les Mèdes, les Américains à demi sauvages, chez lesquels l'autorité héréditaire ne fut point interrompue, excepté lorsque la conquête la déplaça, ne connurent jamais ce que nous appelons *discordes civiles*; les petits peuples de la Grèce vécurent sous des rois légitimes pendant une longue série de siècles, dans une union toute fraternelle. Du moment que l'élément démocratique fut pris pour base du système gouvernemental, le bonheur social s'évanouit, et la sévérité des lois de Dracon, la sagesse de l'Aréopage, la science des philosophes, l'immense talent des orateurs, n'empêchèrent point la Grèce de passer par toutes les tribulations de la démagogie, et de se traîner pendant un siècle sur le roulis des passions qui la dévorèrent. Rome éprouva cette triste et inévitable péripétie; elle avait dû son existence républicaine à un état forcé, je veux dire à des vertus austères et à un isolement complet de tous les avantages de la civilisation; mais lorsque, poursuivant sa révolution sociale, elle fut arrivée à cette période de prospérité qui ne permet plus aux passions de se contraindre, Rome ne fut plus à elle-même : elle fut au premier ambitieux, au premier scélérat qui eut de l'audace.

Si, des peuples anciens, nous passons aux peuples modernes, les exemples sont encore bien plus frappants, et dans les résultats comme dans les conséquences, il n'y a pas d'exceptions à faire : partout où le principe légitime est respecté, la société est heureuse et tranquille; partout où il est violé ou méconnu, elle est dans un état continuel d'irritation et de souffrance.

Les hommes du progrès n'attribuent point à la même cause la tourmente sociale des nations qui vivent ou qui ont vécu hors du principe légitime: ils la font naître du développement moral et des résistances que l'intelligence publique éprouve dans son essor; il est vrai que, là où il y a mouvement ascendant des esprits, les résistances amènent le désordre. La raison et les lumières sont ennemies des entraves; les hommes éclairés veulent être gouvernés avec politesse et ménagement. Plus susceptibles que d'autres et plus capables d'apprécier l'action qui les dirige, ils veulent que les hommes du pouvoir aient de la conscience et de la probité; et, lorsqu'ils se voient accablés par des impôts de tous les genres, gardés à vue par une armée de gens de police, inquisitoriés dans leurs moindres actions, froissés par la ruse, la perfidie et l'audace, ils s'imaginent être pris pour des îlotes ou des affranchis; et, alors, ils lèvent la tête et secouent la poussière de l'esclavage.

Mais qu'on y prenne garde: ce mécontentement général est la conséquence inévitable d'un principe faux, suivi avec une funeste persévérance. Le gouvernement populaire et tous les modes gouvernementaux qui en dérivent, étant nés de la révolte ou de l'usurpation, ne peuvent ni s'appuyer sur ce faisceau d'intérêts divers qui lie toutes les conditions et toutes les existences, ni se mouvoir par ce mécanisme hiérarchique que la nature a légué à la civilisation, et qui produit l'union et la force; leur caractère spécifique se distingue par le vague et l'incertitude; ils vivent du jour au jour et en dehors des besoins moraux de la nation.

Chez eux, le pouvoir est sans règle et la volonté du peuple sans limites; tout est subordonné aux circonstances; tout suit le cours des éventualités, ou plutôt les caprices de la fortune. De là, ces combats acharnés entre les gouvernants et les gouvernés, où l'on voit l'arbitraire d'un côté et la licence de l'autre; de là, ces rivalités, ces prétentions, ces querelles de partis que l'ambition et l'égoïsme enfantent, ces émeutes de police, ces coups d'État, ces lois exceptionnelles qui assurent le présent et détruisent l'avenir; et, pendant cette perturbation générale, le peuple s'enivre dans les idéalités républicaines, l'opinion se mûrit dans les illusions d'une liberté incompatible avec les appétits sauvages de la nature et les vices de la civilisation. Voilà comment toutes les sympathies de l'esprit et du cœur s'éteignent, toutes les vertus se corrompent, tous les sentiments se rétrécissent; et, lorsqu'on en est à ce degré de perversité où chacun ne désire la liberté que pour nourrir sa cupidité et satisfaire ses passions, tous les moyens sont impuissants pour rétablir l'équilibre des forces sociales : il faut, pour guérir le mal et étouffer le germe qui l'a produit, d'autres lois et d'autres hommes.

Lorsqu'on jette un regard sur les nations qui ont violé le principe légitime, on les voit toutes se consumer par le vice qui naît de la présomption et de l'orgueil, et que j'appellerai le philosophisme de l'intérêt particulier, vice qui corrompt dans sa source l'esprit national, l'amour patriotique, et toutes les grandes et sublimes vertus du citoyen. Les vassaux de Charles Ier, dans un moment de délire, repoussèrent le principe pour dépla le pouvoir; mais, après le meurtre de leur roi, ils comprirent l'énormité de leur crime. Ce n'était pas seulement les intérêts d'une dynastie qu'ils avaient mis en jeu; c'était les leurs; c'était ceux de la société entière; aussi firent-ils tout pour neutraliser les funestes conséquences de l'esprit révolutionnaire que leur révolte avait fait prévaloir dans l'esprit du peuple : ils confièrent le pouvoir à un tyran habile; ils firent des concessions à toutes les volontés belliqueuses; ils modifièrent plusieurs fois le principe de leur politique; enfin ils plantèrent un Brunswick à la place d'un Stuart. Le temps a ramené le principe; l'extinction de l'ancienne race a consacré les droits de la nouvelle; mais l'impulsion donnée par des sujets rebelles a porté son fruit; l'absolutisme démocratique s'est implanté dans l'esprit du peuple. Les mœurs politiques des Anglais se distinguent maintenant par le mutisme et la rébellion; et, quelques efforts que fassent les torys, ils ne pourront empêcher la période fatale.

La révolution française est née de la même cause

et a produit les mêmes effets: tout le monde connaît l'intervalle historique qui a marqué l'échafaud dressé pour Louis XVI et le trône élevé pour Napoléon; on sait que ce fut au milieu des victoires de la république et des désordres de l'administration républicaine que le peuple français acheva son éducation philosophique; alors, il survint une race d'impudents menteurs, qui lui firent entendre qu'il était libre et qu'il pouvait agir et se mouvoir à son gré; et le peuple le crut : il s'enthousiasma sur sa prétendue puissance; il se mira dans son orgueil; et il se dit : c'est moi qui règne et qui gouverne. Depuis lors, les révolutions, les usurpations, les conquêtes, les ambitieux et les traîtres lui ont appris mainte et mainte fois qu'il ne pouvait être ni son roi, ni son ministre. Eh bien ! il a conservé ses anciennes habitudes; et, croyez-moi, il les conservera long-temps, à moins que le principe légitime ne triomphe et ne vienne donner à la nation d'autres mœurs et d'autres croyances. Vous comprendrez, Monsieur le Comte, pourquoi je termine au moment où je pourrais développer facilement ma proposition et pousser plus loin mes preuves. Je crois vous avoir avoué que je n'aime pas à m'égarer dans de longues dissertations; et je sens que je suis en veine : je pourrais bien, au lieu d'une lettre, vous envoyer un volume. Il faut donc que j'arrête mon esprit alors qu'il a le plus de disposition à courir : c'est le moyen de le rendre prudent et sage.

Je suis avec respect, Monsieur le Comte, votre obéissant serviteur,

M. Rédarès.

Février 1835.

CINQUIÈME LETTRE

DE M. DE SAINT-ROMAN A M. RÉDARÈS.

Il est hors de doute, Monsieur, d'après ce que vous m'avez fait connaître de vos opinions, soit verbalement, soit par écrit, et particulièrement d'après votre dernière lettre, que, si nous ne sommes pas d'accord en tout point, vos sentiments sur la *légitimité* ne diffèrent des miens qu'en ce que vous la regardez comme indispensable au bien de la société, tandis que, non-seulement, j'en juge comme vous sous ce rapport, mais que, de plus, je la considère comme le lien social lui-même. Je persiste dans cette façon de penser de la manière la plus absolue ; et je destine, en partie, la lettre que j'ai l'honneur de vous écrire en ce moment à vous donner, à l'appui de ma conviction, des démonstrations plus entières et plus complètement raisonnées que celles que renfermaient, dans mes précédentes lettres, les divers passages relatifs à ce sujet.

Quant à l'idée de patrie, je crains décidément que nous ne puissions nous entendre sur la vraie latitude qu'il convient de lui donner; car vous me semblez vous refuser à la renfermer dans les limites des engagements et du droit; et, d'un autre côté, cependant vous en resserrez ce qu'en métaphysique on appellerait la *compréhension;* car vous la placez, de la manière la plus prononcée, je dirais presque la plus exclusive, dans la communauté des mœurs, des habitudes, des coutumes et des affections parmi les habitants d'un même pays. Sur ce point de vue, beaucoup trop insuffisant suivant moi, pour embrasser en son entier ce que comprend le mot *patrie,* je vous ai représenté que, dans les grands empires, on n'aurait pas assez de ce qu'on pourrait imaginer de communauté morale dans les manières de voir, de juger et de sentir, pour donner lieu au patriotisme tel que vous le concevez, puisque, par exemple, dans notre France, le Parisien ou le Basque a des mœurs toutes différentes du Bas-Breton ou du Picard, et que l'attachement fraternel et les sympathies du négociant d'Antibes pour l'agriculteur d'Arras, dont il n'entendra jamais parler de sa vie, sont une supposition toute gratuite sur laquelle il devient impossible d'asseoir la moindre idée exacte en droit politique.

J'aurais pu ajouter que nous nous acheminons

de toutes nos forces à des résultats bien contraires à ces sentiments d'union et de fraternité, en nous livrant à nos dissensions intérieures, si favorisées par les systèmes qui placent tout, jusqu'au principe même d'action, dans des masses nécessairement subdivisées en sections diverses; car il suffira que des intérêts ou des opinions adoptent telle ou telle théorie, ou embrassent telle ou telle doctrine, et, de préférence à d'autres, en fassent leur point de ralliement, pour que le Nord se s'épare du Midi, le Levant de l'Occident, et que la patrie, si on la voit dans une démarcation géographique, se divise en autant de *sols* qu'en envahiront les sectes agricoles, industrielles, commerciales, etc., plus répandues, et, si je peux m'exprimer ainsi, plus *indigènes* dans une contrée que dans une autre.

Observez, je vous prie, que je ne nie, en aucune sorte, l'existence de certaines similitudes dans les sentiments et de certaines propensions réciproques, physiques et morales, que je reconnais être inséparables de la *sociabilité* non-seulement parmi les hommes, mais encore chez les différentes espèces d'animaux même les plus stupides.

Mais je n'ai cessé d'en faire la remarque à nos plus ardents libéraux : la sociabilité n'est pas la société.

Tant que des sangliers en troupe paissent dans la même forêt, tant que certains oiseaux aquatiques s'ébattent en bandes diverses sur les eaux d'un même fleuve, ils ne font qu'obéir à l'instinct de la sociabilité; mais, comme il n'y a pas de société sans une action commune se portant vers un même but et dans une même direction, je maintiens qu'ils ne sont unis du lien social que lorsqu'un de ces quadrupèdes, mû par un motif quelconque, s'élance, suivi des autres, hors du bois où il trouvait sa pâture; ou lorsqu'un de ces oiseaux, prenant son vol et son essor, devient le sommet de l'angle résultant des deux files formées par ses compagnons qui se mettent à sa suite pour fendre, avec moins d'efforts, les plaines de l'air.

Il faut donc plus que des habitudes et des propensions sociales pour qu'il y ait société; et c'est ce qui m'a fait dire que des mœurs et des coutumes pouvaient survivre à l'existence d'une nation considérée en tant que corps organisé, sans que, pour cela, on eût droit d'affirmer que cette nation vivait encore, vu que plusieurs de ses habitudes avaient persisté et se retrouvaient chez la nouvelle société politique qui lui avait succédé.

Et, comme j'avais comparé les mœurs à de certains milieux qui, de même que l'air et l'eau, sont nécessaires à l'existence du principe vital et à celle des corps, sans être pour cela ni ce principe ni ces corps, j'avais été facilement amené, dans ma troisième lettre, à une autre comparaison assez voisine, d'après laquelle les mœurs, même altérées, pouvaient conserver une certaine influence et des vestiges d'ancienneté, en se transmettant jusqu'à des peuples, séparés, par un long espace de temps, de ceux chez lesquels elles s'étaient primitivement développées; et je trouvais, dans l'effet qu'elles produisaient alors, une certaine similitude avec celui des *détritus* de plantes, qui, en s'incorporant, en quelque sorte, aux nouvelles productions d'espèces souvent très différentes, dont ils nourrissent la sève, leur apportent des qualités qui tiennent, sous quelques rapports, de celles qui caractérisaient le végétal dont ils ne sont plus que de simples débris.

Cette comparaison vous a semblé inexacte; et, quoique, dans ma dernière lettre, j'aie déjà repoussé un reproche indirect qui me serait très sensible s'il était fondé, je ne me contente pas d'une justification que je n'aurais qu'indiquée; et, puisque nous livrons nos lettres à l'impression, je reprends, dans votre avant-dernière, les paroles où vous m'objectez que l'organisation des plantes n'a aucune analogie avec l'organisation des sociétés humaines. L'une et l'autre, ajoutez-vous, ont une origine étrangère et absolument indépendante.

Je soutiens, sur ce point, une opinion directement opposée à celle que vous manifestez; et je dis que ces deux espèces d'organisation ne peuvent pas être sans analogie, parce qu'elles proviennent de procédés semblables dans la nature: non que cette analogie, comme vous le craignez, et comme vous le dites presque formellement, décèle, de la part de ceux qui y croient, la moindre tendance au matérialisme : c'est précisément le contraire, puisqu'elle ramène tout à des sources immatérielles; et, cette remarque tenant intimement à mon sujet, si je ne veux pas en omettre un des points les plus essentiels, je me vois obligé de faire ici une assez longue excursion dans les régions de la haute métaphysique, sans que, pour cela, je désespère d'être entendu, du moins en partie, du plus grand nombre de nos lecteurs.

Il est vrai qu'outre la métaphysique, il faut que je touche aussi quelques notions de physique; mais si ces lecteurs n'en n'ont pas l'entière intelligence, ils pourront ou les omettre, ou n'y jeter les yeux que superficiellement, sans que, si j'en juge bien, le reste puisse en éprouver de l'obscurité.

Les matérialistes du dernier siècle, ayant formé l'entreprise, non-seulement la plus absurde mais la plus empreinte d'une grossière ignorance : celle de faire de la matière la seule réalité de l'univers, se trouvèrent fort embarrassés lorsqu'il fallut mettre en mouvement ces petites masses impénétrables nommées *atômes* ou *molécules*, hors desquelles, suivant eux, tout était vide, impuissance et néant.

Ils imaginèrent de les rendre actives par nature: mais, comme le mouvement est une direction, on leur demanda 1° d'expliquer comment ces molécules pouvaient perdre ce qu'elles avaient en elles de toute éternité, et par conséquent de faire comprendre qu'il fût possible qu'elles entrassent en repos ou qu'elles prissent des directions contraires à celles que chacune possédait par elle-même; 2° si chacune avait la sienne propre, de rendre plausible un moyen, une cause quelconque, qui fît naître quelque ordre parmi toutes ces essences diverses; et 3° si cet ordre existait en effet, de déclarer d'où il pouvait provenir?

Ce n'est pas tout: lorsqu'on passe aux premiers phénomènes de physique, par exemple à la chute accélérée des graves, on rougit pour la raison de nos savants, et nommément pour celle de d'Alembert, lorsque celui-ci, ne prenant aucun souci de la cause de la gravité dont il fait abstraction de propos délibéré, suppose que le corps qui en est doué reçoit d'elle, à chaque instant, une nouvelle impulsion, moyennant quoi il obéit aux lois d'accélération de sa chute, comme si cette qualité de vitesse accroissante pouvait être, dans les idées de d'Alembert, autre chose que le corps en propre substance, obligé, par conséquent, d'agir sur lui-même, et comme s'il ne fallait pas alors, d'après les théories du matérialisme, se le représenter comme double pour donner et pour recevoir.

Que faudra-t-il penser aussi de mille effets qui, d'après les lois de la statique et de la dynamique, doivent naître dans les divers points de l'étendue de chaque molécule, suivant les diverses positions et les diverses rencontres qui font de chaque intérieur, quelque exigu qu'on veuille l'imaginer, un théâtre d'événements aussi multipliés que ceux qui s'exhibent et qui circulent dans l'espace le plus libre?

Quelle image me ferai-je d'autres phénomènes qui dénotent des pénétrations intimes et neutralisantes, incompatibles avec la simple matière?

Que dirai-je enfin de tant de forces immatérielles, telles que le calorique, les courants électriques, etc., etc., qui semblent environner les prétendus atômes d'*influences* ambiantes toutes différentes de cette étendue vide et impuissante, qu'on est convenu d'appeler *espace*?

Ces influences, déguisées pendant long-temps par nos chimistes, sous le nom d'*affinités*, puis rendues, ce semble, quelque peu plus réelles et plus distinctes de la matière sous celui de *forces* que je viens d'employer, c'est en vain qu'aujourd'hui on les représente comme des fluides se croisant dans tous les sens ; car déjà les difficultés et les contradictions se sont accumulées en si grand nombre, et ont rendu cette dernière ressource du matérialisme tellement chimérique que, bientôt, on sera forcé de ne plus admettre en physique que de l'étendue et des phénomènes qui y naissent et s'y propagent suivant des lois déterminées (1).

---

(1) Si l'on veut avoir une idée de ces propagations de phénomènes et des erreurs qu'elles peuvent faire naître dans nos manières de les interpréter, on a besoin seulement d'imaginer que sur une longue ligne on a saupoudré un terrain d'une matière combustible prompte à s'enflammer et à s'éteindre, comme serait notre poudre à canon si son effet était moins rapide.

Cela posé, toute personne qui n'aurait pas connaissance de ces préparatifs de combustion successive, et de qui on se cacherait pour mettre le feu à l'une des extrémités de la ligne, croirait, en voyant la flamme courir, qu'une même substance embrasée, en un mot, un flambeau s'élancerait dans l'espace et le traverserait d'un cours continu. Bien plus, pour les gens instruits ce n'est pas une petite difficulté que de se rendre un compte précis, en pareille circonstance, de ce que peut être en lui-même le feu qu'on voit ainsi courir d'un bout à l'autre d'une étendue qui lui est reservée; et nos savants ont seuls le privilége de nous expliquer, par les combinaisons chimiques propres à la combustion, que, dans tout cet événement, il n'y a qu'une propagation de mode (je dirais plutôt de phénomène), qui, abandonnant telle partie de la traînée, se porte sur la suivante, par un mouvement beaucoup plus intime qu'on ne pense relativement aux éléments prétendus matériels; car, eux-mêmes, ils éprouvent sans doute de grands changements dont se pénètre leur étendue particulière, lorsque, par communication, arrive jusqu'à eux le progrès *phénoménique*, lequel, dès lors, n'est pas tellement intercepté qu'une certaine prérogative de continuité ne lui appartienne nécessairement.

Je ne crains pas de le déclarer de la manière la plus formelle :

Alors, apparaîtra l'être qui, même aux yeux de la science humaine, sera manifesté invinciblement comme la seule réalité fondamentale qu'on puisse inférer du spectacle de la nature extérieure, révélatrice de la *création* de l'espace et des effets qui s'y meuvent; cet être, nous pouvons déjà,

---

ces notions de propagation sont les seules que maintenant puissent raisonnablement adopter les sciences physiques au point où elles sont parvenues. A chaque instant, en effet, on les voit contraintes de se dématérialiser à demi par l'introduction gratuite de ces fluides de toute espèce qui mus, dit-on, par des forces, c'est-à-dire, quoi qu'on fasse, par des immatérialités qui leur sont propres, se heurteraient dans tous les sens, si, pour l'éviter, ils n'observaient entre eux des lois aussi incompréhensibles qu'insuffisantes. C'est pourquoi un pas de plus; et l'on verra la physique se défaire entièrement des substances matérielles, et y suppléer par les propagations dont je viens de parler.

Or, rien de plus simple que des propagations puissent se pénétrer les unes les autres; et, lorsqu'il s'en trouve dont l'existence soit incompatible dans le même lieu et qu'elles viennent à se rencontrer, alors on conçoit que les phénomènes d'impénétrabilité et par conséquent de matière se produisent.

Mais ce n'est pas encore assez que, par pénétration, des existences très réelles subsistent à la fois dans le même lieu; il faut qu'à l'instant même qu'elles s'effectuent, des *pouvoirs* y naissent avec elles, et que, destinés à lier ensemble toutes ces co-existences au moyen de ce que les métaphysiciens appelleront un jour la *réceptivité*, d'une part, et l'*action*, de l'autre, l'harmonie s'établisse entre eux : toutes choses qui ne sauraient avoir lieu sans l'existence première de l'être infini qui crée et qui soutient tout dans l'univers, et qui, de toute éternité, ayant présentes à sa pensée toutes les aptitudes à naître et à reparaître, qu'en langue vulgaire on désigne sous le nom de *germes*, fait tout succéder dans un ordre continu de vie, d'attente et de complément toujours subsistant et toujours universel.

en contemplant les facultés productrices dont est doué l'esprit humain, lui rendre hommage et le reconnaître avec évidence; car nous en découvrons un semblable, et nous en sentons l'existence en nous-mêmes.

En effet, notre pouvoir intellectuel ne procrée-t-il pas à chaque instant des étendues qui n'ont point d'analogie au dehors?

Qu'on me dise si cette carrière ouverte pour y placer des époques, si la durée, en un mot, et le temps qui s'y écoule existent ailleurs que dans notre entendement, et où il est possible, hors de nous et des intelligences semblables à la nôtre, de saisir cette étendue d'une espèce particulière? Qu'on veuille bien m'apprendre par quelle voie je pourrais réellement me transporter en arrière jusqu'au règne de Jules César, ou seulement venir retrouver l'instant où je traçais sur le papier, il n'y a qu'un moment, ce nom du premier empereur romain? Je ne le puis évidemment que dans le champ émané de l'action même de mon pouvoir d'*intellect*.

J'en dirai autant de toutes ces étendues que nous créons en nous-mêmes pour y placer les diverses intensités avec les mesures que nous leur prêtons. Je voudrais bien, en effet, que quelqu'un de nos matérialistes s'ingérât de m'indiquer où il trouve, ailleurs que dans la création opérée par mon intelligence, le degré pour y étendre la vertu, que je dis grande ou petite, et les sons de l'instrument qui me paraissent graves ou élevés ?

Et qu'il se garde bien de dire qu'en pareil cas nous avons puisé notre modèle dans l'espace extérieur, et que c'est d'après lui que nous formons toutes ces étendues fantastiques. Il n'en est rien; car, à chaque instant, nous employons de ces sortes d'espaces dans les circonstances où le dehors nous impose la loi de n'en supposer aucun.

Lorsque, étant sur la route de la capitale, je dis que je vais *à* Paris, il s'ouvre, dans mon intelligence et dans celle de mon interlocuteur, une étendue semblable à celle sur laquelle je m'avance; et je m'y vois cheminer. La préposition ou particule de mouvement *à* participe de ce progrès successif. Mais, si je suis arrivé et que, me servant encore de la même particule, je dise : Je suis *à* Paris, où peut être l'intervalle extérieur qui me permette de la douer de mouvement ? Et cependant, ce mouvement, elle en est encore revêtue; et la preuve en est que, si je parle à un étranger qui ne connaisse pas bien le sens de cette préposition, j'en donne l'explication en l'accompagnant de mouvements courts et répétés; de telle sorte, par exemple, qu'ayant mis un plan ou un dessin de Paris sous les yeux de la personne qui comprend mes signes plus que mes paroles, je lui fais comprendre que cette ville et la rue que je lui montre sont en effet le lieu *où* je suis présentement.

Qu'on ne s'y trompe pas ! ce geste de mouvement est tout naturel; car mille choses vont, pour ainsi dire, par couples, et sont liées l'une à l'autre dans mon entendement. La propriété n'y va pas sans son coobligé, le propriétaire; l'attribut sans le sujet; et l'objet sans la place qu'il occupe; mais l'analyse et le discours détachent à chaque instant ces corrélatifs. Donc, lorsque je veux compléter ma pensée, je sens la nécessité qu'ils aillent s'unir de nouveau; et, comme je m'étais séparé momentanément de Paris, afin d'attirer sur moi l'attention de l'étranger, il faut que je m'y reporte à ses yeux, mais avec le moins de trajet possible, pour lui faire comprendre que je m'y trouve actuellement. C'est ce qui donne lieu à la réitération *adjonctive* dont mon geste fait usage (1).

Dans le jugement qui unit l'attribut au sujet,

---

(1) Je prouverai dans d'autres écrits que la langue latine faisait un bien plus grand usage que la nôtre, de particules adjonctives, et que les désinences auxquelles nos livres élémentaires donnent le nom de *cas* ne sont, au génitif, datif et même ablatif, que de ces particules mêlées, il est vrai, le plus souvent d'indications pronominales.

Il résultera de mes principes psychologiques que les Romains disaient, sans qu'ils s'en doutassent peut-être : le livre à Pierre, la splendeur *au* jour ; ou plutôt, si nous voulons nous rapprocher de leur construction fondamentale, littéralement opposée à la nôtre : *à* Pierre le livre, *au* jour la splendeur.

Nous, par un mouvement contraire, nous disons : le livre dont il se passe quelque chose de bien plus intime que le simple mouvement d'adjonction : il y a pénétration complète ; et j'invite les matérialistes à bien méditer ce phénomène d'intellect ; car le mouvement d'*épreuve*, qui a lieu en pareille circonstance, est précisément le contraire de la manière dont nous affecte la sensation.

Si je dis, par exemple, que l'encre dont je me sers en ce moment pour écrire ma pensée est noire, je détache forcément cette couleur du liquide qui en est comme saturé ; je la compare, ainsi séparée, avec l'idée générale du *noir* que je conserve, en quelque sorte, dans le péristyle de

---

l'idée particulière est prise *de* Pierre, la splendeur provenant *du* jour ; le livre *de* Pierre, la splendeur *du* jour.

Ce sera principalement dans la décomposition du verbe, que je démontrerai de quelle importance sont les particules de mouvement dans les langues, et combien l'instinct de l'homme, s'il m'est permis d'employer une pareille expression, est au-dessus des prétendues analyses auxquelles nos matérialistes ont si souvent recours ; car il sera indubitablement prouvé que les verbes, quels qu'ils soient, actifs, passifs et neutres, même ceux qui expriment le plus grand repos, sont tous fondés sur une particule d'action, c'est-à-dire sur un mouvement reconnu émaner d'un pouvoir ; et ce pouvoir n'est le plus souvent que celui de notre âme, à l'existence de laquelle les peuples les plus grossiers rendent, au moins par sentiment, un incontestable hommage.

J'ai, sur ces objets et sur beaucoup d'autres concernant le langage, pris mes précautions pour que la propriété de mes recherches ne me fût pas enlevée. Mais ce n'est pas ici le lieu de m'occuper de ce sujet.

mon entendement; et le sentiment intime qui accompagne cette action me donnant la conviction de la convenance des deux idées, celle qui était générale se particularise incontinent et vient s'identifier avec le liquide, dans toute sa substance.

Si donc cette idée, ainsi individualisée, ne trouvait plus de convenance avec la liqueur qu'on pourrait supposer avoir changé de couleur, et si l'on douait cette même idée d'un sentiment analogue à ceux des êtres animés, ne pouvant plus s'incorporer avec ce qui ne serait plus encre, elle rencontrerait dans le nouveau liquide, si celui-ci répondait harmoniquement à l'état actuel des choses, un obstacle d'impénétrabilité; et, par conséquent, arrêtée à la surface de l'objet qu'elle devait pénétrer, elle en recueillerait une sensation toute matérielle. Voilà la matière telle qu'on doit se la représenter dans les propagations de phénomènes que j'ai dépeintes dans l'avant-dernière note, propagations qui, je le répète, deviendront la base indispensable d'une nouvelle physique déjà adoptée par nos savants, sans qu'ils s'en aperçoivent.

Mais si, au lieu d'insister pour identifier ce qui ne se convient pas, et d'essuyer résistance, j'avais, par essai et toujours contrairement à ma sensation, uni dans mon entendement ce qui diffère l'un de l'autre, et si, ayant pris du lait au lieu d'encre, je voulais vérifier s'il est *noir*; imprégnées, pour ainsi dire, de disconvenance, les deux couleurs se sépareraient à l'instant; et, le noir s'éloignant du blanc, la négation s'ensuivrait incontinent.

Qu'on veuille bien y prendre garde : les signes de tête affirmatifs et négatifs et autres semblables qui, par l'union ou par la disjonction, insistent sur le *oui* ou le *non*, ne sauraient avoir d'autre source.

Ces pénétrations, ces adjonctions, ces séparations, ces extractions, et, en un mot, ces mouvements intellectuels sont-ils réellement effectifs? je ne l'affirme ni ne le nie; seulement, à quelque hauteur de pensée qu'ils nous élèvent, je suis cependant fort porté à croire qu'ils sont encore bien au-dessous de l'image qu'on devrait se former de l'essence des choses. Mais, comme ils dénoteraient, de la manière la plus indubitable, l'action fondamentale de ce premier pouvoir procréateur de tous les objets chacun dans son espèce, et de toutes les propagations chacune suivant ses lois et ses connexions, cette métaphysique ou cette physique, comme on voudra la dénommer, n'aurait absolument rien d'opposé aux principes religieux, et leur serait, au contraire, très favorable.

Elle a aussi, militant pour elle, une marche indispensable, si l'on veut parler science et synthèse : c'est de descendre du plus au moins. Je l'ai dit souvent : si, en fait de nombre, la nature ne comportait que le nombre 6, on pourrait, en écartant des unités, faire les nombres : 5, 4, 3, 2, 1; mais il serait à jamais interdit de concevoir même l'idée du nombre 7. C'est ainsi que, pour fonder l'univers, il faut se placer dans l'infinité, en puissance, en vitesse, en durée, en discernement, en prévoyance, en sagacité, etc., etc. (1), et, de là, passer aux êtres contingents, limités et finis. Une grande erreur, préconisée dans le dernier siècle, a seule été cause qu'on a fait usage de procédés tout contraires pour parvenir, disait-on, à la vérité. On ne voulait donner d'existence qu'à ce qui tombait sous le sens du tact. Hors de là, suivant le philosophisme de cette époque, hors de la *palpabilité*, le néant!

Et pourquoi cela? Parce que deux corps ne peuvent pas occuper un même espace à la fois, et que, ajoute-t-on, on ne se forme pas d'idée de ce qui n'est pas corps; assertion fausse, puisque, certes, l'embarras serait des plus grands si l'on essayait de renfermer la plupart de nos idées dans des limites matérielles et corporelles; assertion absurde aux yeux de quiconque est le moins

---

(1) Si j'avais à parler ici à des métaphysiciens, ils m'entendraient facilement quand je leur dirais que les pouvoirs s'agrandissent en raison de la compréhension de leurs facultés, et que celui qui réunit au suprême degré toutes celles qui peuvent exister est l'être par excellence, l'être UN sans partage, DIEU, pour tout dire en un seul mot.

du monde initié à l'étude des sciences exactes; car, sans parler de certaines existences impossibles, et cependant idéalement nécessaires dans les calculs comme moyens de transition, ainsi que le sont les quantités imaginaires dans la science de l'algébriste, il n'est pas jusqu'au zéro, oui, au zéro lui-même, qu'il ne faille animer en qualité de *germe*, pour commencer et poursuivre, par propagation, des continuités que les hautes mathématiques ne formeront jamais dans le repos de juxta-positions de néants. Mais ces animations et leurs lois commençant aux zéros: qui peut donc leur donner l'essor et les soutenir, si ce n'est un pouvoir législateur et *procréateur*, suivant l'expression que j'ai déjà employée.

Toutefois, des pouvoirs immatériels, s'ils n'ont que la faculté de la simple procréation, ont-ils besoin d'être doués de raison, pour produire leurs effets?

Je ne le crois nullement.

Je l'ai déjà dit dans la précédente note: il n'est qu'un seul pouvoir à qui toutes les qualités de la puissance appartiennent, et qui soit le créateur et le vivificateur de tous les autres; et celui-là, c'est Dieu! Qu'importe ensuite qu'on accorde une âme végétative aux plantes, et sensitive aux animaux? L'âme humaine est bien autrement privilégiée: elle connaît le bien, le mal, le juste, l'injuste; elle délibère; elle se décide, elle est méritante ou coupable; l'avenir du complément lui appartient nécessairement (1).

Oui, ce qu'il faut pour confondre, d'un seul mot, les matérialistes, c'est les conduire au commencement des choses et leur demander où

---

(1) En revenant sur les différentes sortes d'effets physiques ou métaphysiques que nous venons de parcourir, il serait plausible de conclure que ce qu'on appelle l'attraction des corps célestes, attraction qu'on regarde avec raison comme la cause de la gravité, n'est autre chose que l'ordre de création primitive et de soutien vivificateur que la volonté de Dieu entretient dans les univers.

Cette attraction, réduite ainsi à ce qu'elle devrait être, se présenterait donc à la pensée comme une exhibition perpétuelle de ces corps, et comme une continuation de leur cours qui les maintiendrait en vertu de leur propagation et de l'*influence* de rayonnances concentriques, dans des situations co-relatives où règnerait fort naturellement la loi d'*attendance* respective, en raison directe des masses et en raison inverse du carré des distances. Mais, comme cette exhibition et cette continuation de mouvement auraient leur source dans l'acte dispensateur émanant de la puissance divine, et que cet acte aurait nécessairement ses manières d'être et de s'exercer, on conçoit, sous ce dernier point de vue, qu'il resterait encore à la science beaucoup d'observations à recueilllir.

Toutefois, la région dans laquelle on se trouverait ainsi transporté, semblerait toucher de très près à l'action *immédiate* de la divinité. Mais il n'en est pas de même, lorsqu'on arrive aux corps terrestres et à leur organisation.

Le végétal exige un pouvoir de développement qui lui soit propre; et ce pouvoir n'est déjà plus qu'une création *ultérieure* à laquelle est communiquée une existence distincte.

Cette existence est encore bien plus individuelle dans l'animal doué de sentiment; et elle l'est entièrement dans l'homme, puisque le libre arbitre le rend indépendant et l'appelle nécessairement à des destinées qu'il se prépare par ses œuvres.

est le chêne futur au moment que le gland va se former. C'est à ces puissances germinatrices qu'il faut toujours les ramener; et c'est d'elles aussi qu'il est bon d'entretenir souvent le simple physicien, afin qu'il soit averti que sa science ne peut le mener loin sans erreurs grossières, s'il ne l'élève jusqu'aux plus hautes pensées; et que, plus il s'arrêtera dans l'existence matérielle, c'est-à-dire, sauf la résistance d'inertie, dans une existence de mort, moins il découvrira de vie et par conséquent d'existence réelle.

Je sais qu'on me répondra que le pouvoir, tout réel qu'il peut être, n'a qu'une existence cachée et obscure; mais à ce reproche, qu'on adresse aux spiritualistes, d'expliquer l'obscur par le plus obscur, *obscurum per obscuriùs*, j'ai opposé dans plusieurs écrits, et je viens d'opposer encore, il y a peu d'instants, le reproche, qui pèse avec bien plus de force et de vérité sur les sectateurs de la matière, d'expliquer (chose impossible) le plus par le moins, *restrictum per restrictiùs;* et ce reproche, ils n'y répondront jamais.

D'ailleurs, est-il bien vrai que l'existence du pouvoir soit plus obscure que celle de la matière?

Je ne vois dans cette prétendue substance que deux qualités qui semblent la faire saisir avec quelque lucidité : l'*impénétrabilité* et l'*étendue*.

Je me suis expliqué sur cette impénétrabilité

qui, plus que *stagnante* par nature, ne devrait s'ouvrir à aucun événement et qui cependant, dans les différents points de son intérieur, laisse à tout moment naître et se produire des effets nouveaux.

Et quant à l'*étendue*, comment peut-on la définir autrement que par elle-même, c'est-à-dire par ce qui, par essence, est *étendu*?

Si donc on prétend que le mot *pouvoir* ne me donne d'autre idée que celle de ce qui, par essence, est puissant, n'ai-je pas la même objection à faire contre l'emploi du mot *étendue*, qui procède évidemment du pur adjectif *étendu*, lequel ne me donne pas, plus que le substantif, une idée distincte de la réalité qu'il représente.

On pourra, il est vrai, répliquer qu'on parcourt l'étendue, et qu'en la vérifiant on s'assure de son existence.

Mais comment la vérifie-t-on, si ce n'est par le mouvement, c'est-à-dire par un acte émané de notre pouvoir; et la preuve que, sans ce vérificateur puissant, la vérification n'aurait pas lieu, c'est que l'étendue viendrait en vain frapper notre œil: elle ne produirait qu'une émotion *une*, et pour ainsi dire *toute d'une pièce*, si nous n'y promenions nos regards.

Or, lorsque notre mouvement, après avoir, en quelque sorte, couvert une partie de l'étendue qu'il parcourt, s'en dégage et va couvrir la partie suivante, nous soutenons, mais avec le sentiment du passé, la partie délivrée; et le présent est pour nous la partie qui nous fait éprouver une sensation actuelle, et sur laquelle s'applique notre mouvement. De cette manière, notre sentiment se double du passé que (j'ai soin de le répéter) nous soutenons (1), et du présent qui nous frappe.

(1) On se représente beaucoup trop la mémoire comme une faculté tout inactive de notre part.

Cela vient de ce qu'on en fait une sorte de tableau où sont empreints les faits du passé; et, lorsqu'on ne peut en rappeler le souvenir, on dit qu'ils se sont effacés.

S'ils l'étaient, ils ne pourraient plus jamais revenir.

Ce n'est donc pas ainsi qu'il faut se figurer la mémoire.

Cette faculté consiste, de notre part, à *reproduire* ce qui fut, mais avec un sentiment différent de ce qui présentement nous frappe ou nous affecte.

On conçoit que les différents faits à reproduire, s'accumulant en quelque sorte chaque jour davantage, obligent les anciens à s'éloigner, et, les refoulant pour ainsi dire en arrière, les offusquent par leur présence. Non cependant que cette image soit d'une parfaite exactitude; car les faits passés ne sont qu'*aptes* à renaître dans notre mémoire; ce sont, suivant moi, de purs germes à qui notre volonté redonne la vie pour qu'ils apparaissent de nouveau. Dans ce sens, rigoureusement parlant, ils ne sauraient s'accumuler; mais ils suivent les dates du temps; et, changeant continuellement de lieu de repos, ils se reculent pour faire place aux germes plus récents.

De là et de la facilité qu'ont les faits moins anciens à reparaître les premiers, résultent l'impossibilité où l'on est souvent de rappeler le passé, et la preuve que les faits qui jadis vinrent à notre connaissance demeurent toujours doués d'aptitude à se reproduire; c'est qu'au moment où nous y pensons le moins, et longues années après que, las de nos efforts inutiles pour les faire revivre, nous les avions

C'est donc par la succession du passé conservé par notre action, et du présent acquis par notre *réceptivité* passive, que non-seulement nous parvenons à connaître les progrès que nous avons faits, et par conséquent notre propre mouvement, mais encore que l'étendue vérifiée se manifeste comme une réalité à notre pensée.

Dès lors, il devient évident qu'elle ne peut pas réclamer d'existence à nos yeux, si notre pouvoir

---

abandonnés, ils semblent se faire jour d'eux-mêmes et viennent nous surprendre par leur soudaine apparition.

On doit donc dire que la mémoire, n'étant pas entièrement à notre disposition, dénote une double source :

L'une, où notre action étant ponctuellement obéie, nous laisse maîtres ; de la reproduction ;

L'autre, où cette reproduction se fait indépendamment de nous ; de sorte qu'un lien intermédiaire semble se placer entre nous et les objets à reproduire, et que, si ce lien refuse son concours, la connaissance du passé nous est ravie, quelles que soient nos sollicitations et nos excitations pour le faire reparaître.

Or, il ne suffit pas que l'aspect du passé nous permette de nous en emparer de nouveau pour que notre esprit puisse asseoir ses comparaisons et tirer ses déductions : il faut que, sur la même ligne mais en dehors de lui, nos regards, sans l'abandonner, usent de transition pour arriver au présent et pour distinguer l'un et l'autre.

Je reviens donc toujours à la nécessité où nous sommes de soutenir le passé et l'idée qui s'y trouve, si nous voulons former le moindre jugement ; et l'on voit, par toutes ces observations, combien d'actions de notre part entrent dans l'exercice de cette faculté dénommée *mémoire*. Abstraction faite du présent qui en est séparé et des réminiscences fortuites où nous ne sommes que passifs, il n'est possible de voir en elle qu'action subsistante et reproductions provenant de notre pouvoir d'intellect.

n'existe aussi, puisque, sans nous, sans notre puissance, qui n'est autre chose que nous-mêmes en action, et sans le progrès jugé et apprécié qui s'en est suivi, elle ne serait pas pour nous.

Mais l'existence, douée d'une faculté active de projection d'où partent tous ces phénomènes, et qui, seule, est ultérieurement capable de maintenir et de vérifier, jouit d'une plénitude de réalité bien autrement prononcée que l'existence dont le seul caractère est l'aptitude passive à être parcourue physiquement et à servir de type à une ressemblance soutenue intellectuellement en nous-mêmes, condition sans laquelle elle ne pourrait nous arriver que comme pure émotion non jugée et *non distincte de nous :* ce qui la réduirait à rien pour notre intelligence.

Descartes avait donc manifesté bien plus de profondeur et de vérité dans sa métaphysique, que tous nos penseurs modernes dans la leur, lorsqu'il disait : « *Je pense, donc je suis.* » Car cela signifiait : *je produis et j'agis avec discernement;* au lieu de dire : je suis ébranlé et j'éprouve une émotion passive.

Et qu'on ne dise pas que le sentiment intérieur affirmatif qui accompagne nos jugements ressemble à une sensation et doit être passif comme elle. Ce sentiment, c'est notre raison, c'est notre action, c'est nous.

Certes, lorsque Descartes se servait du mot idée *innée*, il n'entendait pas que nous eussions les idées du beau, du juste, du bien, de l'ordre, du nombre, etc., toutes formées et toutes vivantes en nous; mais il entendait que, lorsque les objets se présentent à notre intellect, sous tel ou tel mode qui nous fait émettre des expressions dont nous ne trouvons pas de modèle au dehors, c'est que nous leur communiquons dans notre pensée ce qu'ils ne peuvent recevoir que de nous et du sentiment qui, à leur vue, s'éveille en nous-mêmes. Ce sentiment, que peut-il être autre chose qu'une *aptitude* à naître, si les objets extérieurs ne sont pas présents, mais en même temps une certitude de corrélation, telle que, lorsqu'ils paraîtront, il est indubitable que nous nous élancerons vers eux pour les juger avec le sentiment qui est notre essence même. Je le demande à tout mathématicien (et Descartes en était un aussi et des plus grands qui aient existé), où trouver hors de nous ce simple énoncé : *deux et deux font quatre; ôtez deux, restent trois?* Dans la nature extérieure, les objets ne sont qu'isolés; ou, si des liens ou des mouvements physiques les rassemblent, qu'on cherche et qu'on me dise où le fait de numération se rencontrera?

Nous puisons donc ce fait en nous-mêmes, et il en est ainsi de toutes les idées innées, sous la condition toutefois qu'elles ne sont idées que lorsque les aspects extérieurs leur ont donné possibilité de passer de l'état de simple aptitude à la réalité effective, et d'arriver à la vie en s'appliquant aux objets aptes à leur tour, par leur accord passif, à n'être point en contradiction avec elles et à les recevoir avec harmonie.

Toute cette excursion, Monsieur, dans le domaine de la métaphysique, afin de rentrer ensuite dans celui de la physique et de revenir définitivement au lien social et à la politique, m'était visiblement nécessaire pour répondre aux personnes qui partageraient votre avis sur le défaut de connexion que semblaient décéler quelques-unes de mes assertions, et pour leur faire sentir que, puisque tout se tient dans la nature et dérive d'une même source, il n'était pas déraisonnable de passer analogiquement, de questions relatives à l'organisation des végétaux, à des questions semblables du domaine de l'organisation des animaux, et enfin aux questions qui nous occupent spécialement : celles de l'organisation des sociétés humaines.

Je retombe ici dans le sujet que ma dernière lettre effleurait ; et, reprenant encore une fois vos paroles, je ne dis pas, ainsi que vous, Monsieur, dans votre avant-dernière réponse, que « le type originaire des espèces végétales est dans l'embryon, comme celui de la race d'hommes dans le fœtus; je dis que, d'après les lois données et soutenues par le Créateur, l'aptitude à naître et à devenir un pouvoir actif se fixe, au moment de la conception, dans ce que nous appelons *embryon* et *fœtus;* qu'à ce moment même ce pouvoir y réside, déjà doué d'une force effective qui n'attend que des circonstances destinées à lui faire prendre l'essor, et dont le concours, dès qu'elles commencent à se faire sentir, lui devient de jour en jour plus favorable et plus efficace.

Ce développement a ses lois : qui en doute? Mais, de plus, il faut que le milieu où s'exerce sa force expansive lui soit tellement adapté qu'il lui transmette, comme on le dit, par *assimilation,* la substance qui le nourrit et qui sert à l'accroissement. Ce sont là des notions universellement reçues. Cependant, il ne faut pas que ce milieu, indispensable par sa coopération dans laquelle il entre encore plus d'inertie que d'activité, se confonde avec le principe par qui tout se meut et s'assemble.

C'est le cas de rappeler ici une suite d'articles où les questions d'organisation appliquées à la société sont traitées avec une grande supériorité. Je veux parler du journal *la France*, le seul, on peut le dire, de toutes nos feuilles périodiques, où un cours de *droit social* soit véritablement ouvert. Parmi ces articles, celui du 12 mai, qui contient une réfutation victorieuse de plusieurs assertions du *Journal des Débats*, se distingue par une force d'analyse et de raisonnement qui, à mes yeux, fait le plus grand honneur à M. de Lisle, son auteur.

Cet écrivain répond, avec toute raison, à son adversaire qui reprochait aux royalistes de voir la société et la monarchie uniquement dans la personne de Charles X, que c'est dans la royauté même, mais dans la royauté légitime et dans tout ce qui se développe par son union avec elle et qui vit par elle, qu'il faut voir le corps et la société politique. C'est dans l'ensemble, et non pas dans les parties séparées celles-ci de celles-là, que cette société existe. Que dirait-on, ajoute-t-il, d'un expert mécanicien qui, dans une roue, distinguerait, comme étant indépendants les uns des autres, le moyeu, les rais, les jantes et le cercle? Mais M. de Lisle n'en reconnaît pas moins, et, dans quelques-uns de ses précédents articles, il le dit formellement, que le principe vital, et par conséquent le pouvoir, est de tout l'assemblage la partie la plus essentielle.

C'est parce que je suis bien pénétré de cette vérité que, dans ma première lettre, vous m'avez vu ne pas balancer à refuser le titre de souveraineté, même à l'opinion que j'ai qualifiée du nom de *foi morale des nations*, bien qu'il soit impossible d'en méconnaître la nécessité pour l'appui des gouvernements, et pour ainsi dire, la sainteté, lorsqu'elle est invariablement confirmée par l'expérience des siècles.

Cette opinion, Monsieur, cette foi morale que, lorsqu'elle se rapporte à l'existence des gouvernements, j'appellerai *foi politique*, est visiblement ce que vous entendez quand vous parlez des coutumes, des mœurs et des habitudes, comme étant la base même des sociétés.

Pour bien apprécier ce qu'on doit penser des mœurs dans le jeu du mécanisme des gouvernements, je les distinguerai en *mœurs fondamentales* et en *mœurs de développement*; et pour bien faire sentir que les mœurs fondamentales se rapportent toujours au principe et au pouvoir vital de la société, je changerai l'exemple dont se sert M. de Lisle, et à un assemblage inanimé dans son intérieur, j'en substituerai un ayant son moteur en lui-même.

Ainsi donc, au lieu de cette roue, dont un mécanicien en délire voudrait considérer le moyeu, les jantes et les rais comme indépendants les uns des autres, je supposerai que le même défaut de raisonnement s'applique aux diverses parties d'une montre.

Assurément, rien de plus ridicule que de vou-

loir considérer la boîte, les rouages, etc., dont elle se compose, comme étant indépendants de son existence; mais parmi ces pièces, je remarquerai qu'il en est qui, telles que celles qu'on appelle piliers, platines, etc., servent uniquement de soutien matériel à tout le mécanisme; qu'il en est d'autres, telles que le spiral et les engrenages, dont l'emploi est de modifier et de ralentir le mouvement; mais qu'enfin il en est une, la plus importante de toutes, puisque tout se borne à en régler le pouvoir, et celle-là, c'est le *ressort*, dont l'élasticité comprimée fait naître le jeu de tout l'ensemble.

On peut donc dire que, quoique rigoureusement parlant chaque pièce dans la montre remplisse, simultanément avec les autres, l'emploi auquel elle est destinée, le ressort est ce qu'on doit préalablement regarder comme indispensable; car en lui est le pouvoir de l'action, duquel toutes les conséquences dérivent; de sorte qu'il est permis de se le figurer comme préexistant à tout le reste.

C'est de même, en quelque sorte, que nous voyons tous les jours se former sous nos yeux des réunions d'hommes par des moyens presque semblables, et de la même manière qu'on peut concevoir que sont sortis des mains de la nature les premiers assemblages de tribus nomades, de peuplades sauvages, lorsque, au défaut du père de famille, un chef se présentait comme de lui même, et que, partant pour quelque expédition lointaine, il voyait ceux qui voulaient en partager les avantages se grouper autour de lui, et suivre sa direction.

N'est-ce pas, en effet, par une prépondérance, tout analogue et tout aussi peu méditée, que dans nos assemblées législatives apparaissent ces rois de la parole, auprès desquels des partis entiers semblent fiers de se ranger et de marcher, comme un seul homme, sous l'impulsion qu'ils en reçoivent.

Il faut le dire, pourtant : sans le sentiment d'un besoin commun qui assouplit tous ces esprits et les rend obéissants à leurs chefs, ceux-ci posséderaient en vain le germe des plus hauts talents: ils ne nous offriraient plus que l'image de ces pouvoirs, qui, privés des milieux où ils puisent un concours de moyens dont ils ne peuvent se passer pour se développer en organisations effectives et vivantes, demeurent de simples aptitudes latentes, et cependant touchent presque à la manifestation attachée aux actes réels, mais n'y peuvent parvenir.

Tel est le ressort privé de tension et d'effet; opposez-lui les rouages et les pouvoirs modificateurs de son action, et appuyez l'ensemble sur une base solide; tout marche, et tout se produit dans les limites de l'organisation.

Ainsi donc, dans toute formation politique nous découvrons une parfaite analogie avec les formations physiques, et même avec les formations intellectuelles qu'enfante notre entendement, et bien plus, ce sont celles-ci qui, par le sentiment de nos *proprès efforts* pour produire et pour coordonner, nous avertissent de l'existence d'un principe qui, par essence, crée, soutient et vivifie.

C'est en nous que nous trouvons *le plus* qui manque à nos regards dans la nature extérieure; mais à son tour, ce plus, c'est-à-dire la connaissance d'un premier pouvoir fondateur de tout l'ensemble, une fois recueilli par nous et appliqué hors de nous à tout l'univers, s'agrandit jusqu'à l'infini. L'être des êtres, le pouvoir des pouvoirs, en un mot celui qui leur donne l'effectivité et la vie, et qui les y soutient, apparaît incontinent, et l'harmonie de tout ce qui existe, ou en d'autres termes l'universelle organisation, vient éclairer notre esprit, et lui permet de s'élever jusqu'aux dernières limites de ce qu'il lui est donné de comprendre.

Dès que l'organisation infinie renferme en elle toutes les organisations particulières, ne soyons donc plus étonnés du commun aspect que les organisations politiques, c'est-à-dire les assemblages connus sous le nom d'États et de peuples, partagent avec toutes les autres. Mais remarquons cependant que, dans les ouvrages mécaniques de l'homme, il faut toujours présupposer une base solide qui en maintienne les parties, et qui serve d'appui à l'enchaînement des rouages. Nous-mêmes, ainsi que j'en ai fait plus haut l'observation, nous-mêmes, dis-je, dans nos conceptions intellectuelles, nous commençons toujours par créer un contenant, un espace dans lequel tout naît ensuite, tout se distribue, par l'entremise toujours existante, mais ultérieure dans ses effets, que continue à exercer le pouvoir de notre intelligence. Ce premier fond, que nous produisons de nous-mêmes, mais *d'une vitesse infinie, et comme par intuition,* n'a rien de la solidité dite *matérielle;* car s'il en était ainsi, nul événement ne pourrait y sourdre et y prendre cours; il se maintient pourtant comme une indivisibilité, et qui plus est (suivant la remarque beaucoup plus immatérielle que ne le pensait son auteur, M. Broussais, de qui je la prends), avec un *consensus* d'après lequel nul effet, dans quelque partie que ce soit, ne peut s'y manifester sans que, d'une manière quelconque, il ne soit ressenti par toutes les autres à la fois; c'est que c'est nous qui maintenons ce contenant comme nous l'avons créé, et qui lui communiquons tout l'ensemble de nos créations subséquentes, de ces créations cependant toujours dépendantes du grand pouvoir, du grand être, de celui qui *est,* dit l'Écriture, de qui elle dit encore : *In principio Deus creavit cœlum et terram* (et non pas *terram et cœlum*), paroles qui, à elles seules, dénotent plus de synthèse, et par conséquent plus de science que n'en contiennent toutes les analyses détachées qui composent le recueil de nos connaissances modernes !

Maintenant, si, de ce fond toujours indispensable à quelque organisation que ce puisse être, nous portons nos regards sur les États, c'est-à-dire sur les organisations politiques, il semble au premier abord qu'il nous manque ; car nous n'apercevons plus que des individus, et le lien qui les unit entre eux est tout-à-fait invisible.

La nature y a pourvu par des besoins intimement ressentis, dont le plus souvent on ne se rend pas compte à soi-même, mais qu'on cherche inévitablement à satisfaire.

C'est ce qu'on appelle l'instinct chez les animaux, nom qu'il faudrait aussi conserver au mobile de la plupart des actions des hommes.

Combien, parmi nos animaux domestiques, n'ai-je pas vu de mères à qui, au bout d'un certain temps, on enlevait leurs nourrissons! Qui pourrait peindre leur désespoir lorsqu'elles ne les retrouvaient plus auprès d'elles ? Le lait qui chargeait leurs mamelles n'était pas cependant la cause physique de leur douleur, puisque, bien avant cette cruelle séparation, on avait coutume de les traire, et qu'il ne s'agissait maintenant que d'achever de leur retirer ce qu'on leur laissait de surplus pour la nourriture des élèves. C'était donc un sentiment inexprimable et voisin déjà des penchants immatériels et moraux de l'homme qui les agitait violemment, et auquel il fallait attribuer leur angoisse. Ce sentiment n'était, certes, pas raisonné; mais il n'en était pas moins vivement éprouvé, et l'aspect de ces instincts associateurs a tellement frappé les regards de la plupart de nos publicistes, qu'ils les ont confondus avec la société même. J'ai dit plus haut ce qu'il fallait penser de cette erreur; je serai ramené sous peu d'instants à en toucher de nouveau quelques mots, et obligé, encore plus d'une fois, de m'expliquer sur un cours d'idées qui, pour être universellement admis, n'en est pas plus exact. Je ferai de plus en plus sentir comment la société politique, qui n'est qu'une direction commune sous un pouvoir dont les développements se communiquent à tout le corps social, est fort différente de ces inclinations et de ces attachements que j'appelle sociabilité, et qui, se distribuant *latéralement*, pour ainsi dire, d'individu à individu, en laissant des séparations et des divergences souvent très marquées entre eux, ne sont qu'une tendance à rapprochement pour l'ensemble, mais ne le lient pas en effet.

Et cependant c'est, il faut le dire, un instinct comme les autres qui sert de fond général à tout l'édifice politique, et qui permet au pouvoir d'y établir l'ordre intérieur des mouvements, et d'y faire circuler la vie.

Cet instinct est celui de propre conservation, qui nous anime tous, et qui, lorsque nous sentons notre faiblesse, nous fait chercher protection où nous trouvons la puissance revêtue de force pour nous préserver (1).

---

(1) On peut remarquer ici combien, en politique comme en toute autre science, il faut souvent parcourir un long enchaînement de vérités avant d'arriver au point décisif.

Tout lien qui n'a pas pour nœud la sympathie est un esclavage, me dit M. Rédarès dans un passage de sa troisième réplique, dont j'ai déjà eu plusieurs fois occasion de parler.

Il suffit, répondrai-je, qu'il n'y ait pas de ma part aversion contre le pouvoir dont je recherche la protection, pour que le sentiment et le mot d'esclavage demeurent étrangers à ma pensée.

Les sympathies, les affections, appartiennent à l'intimité des familles et aux relations immédiates de l'amitié.

Le besoin de la conservation est tout autre chose, et par lui nous vient l'instinct, qui nous range tout naturellement sous le lien politique.

Que la monarchie, l'aristocratie ou même la démocratie, ou leur mélange, s'offrent, suivant les différents pays, comme le pouvoir vers lequel chacun prend son refuge, cela demeure entièrement étranger à la question; car elle ne consiste, dans l'origine, qu'à trouver une puissance protectrice quelque part, et il est évident que les penchants du cœur, quelque doux et quelque respectables qu'ils puissent être, sont bien loin d'être l'unique mobile de la conduite des hommes dans de pareilles occurrences.

Il fallait que je démontrasse, d'une manière générale, que toute

De là, chez les peuples même les plus sauvages, des sujets au prince et du prince aux sujets naissent incontinent les devoirs et les droits, l'obéissance d'une part, mais la protection et la justice de l'autre.

Que si vous mettez quelque prix à faire préexister à la puissance l'instinct qui en fait rechercher la protection, je n'attacherai aucune importance à ce dissentiment entre vous et moi, bien que le pouvoir semble devoir être avant tout dans le monde; seulement je continuerai, comme je l'ai fait dans ma première lettre, à ne point ériger cet instinct du protégé en souverain du protecteur; et du reste, je consentirai très volontiers à ne faire, socialement parlant, qu'une simultanéité de la faiblesse qui s'unit à la force, et de la force qui la reçoit et ne fait plus qu'un tout avec elle.

Mais il ne suffit pas de l'union momentanée : il faut qu'à des besoins toujours renaissants elle réponde par la perpétuité, et voilà ce que la nature introduit avec une merveilleuse facilité, par l'hérédité, dans la famille ; car, il ne faut pas s'y

---

organisation dérive d'un pouvoir, lien commun de ce qui, par nature, vient s'y attacher, pour que je pusse espérer de ramener à leur juste valeur dans l'esprit de mes adversaires les sympathies et la sociabilité, dont, je ne puis en disconvenir, tant de publicistes ont fait jusqu'à présent leur unique point de départ.

tromper, le moyen ouvert à la démocratie même pour se perpétuer n'est autre chose que ce que l'association à l'empire est dans les pays soumis à la monarchie, et ce que, dans la maison paternelle, l'association à la propriété est pour les enfants en âge de concourir aux travaux du père. On le sait: cette association, toute naturelle, est le premier passage à l'hérédité, et par l'hérédité, au pouvoir de l'homme se substitue, comme de lui-même, le pouvoir des choses. Alors, si nul droit opposé ne milite contre l'ordre perpétuel de transmission qui s'établit, naît avec toutes ses conséquences la légitimité, qu'on doit regarder comme la loi fondamentale, inviolable à perpétuité, sous peine de voir la société disparaître par le fait même de la violation.

Et pourquoi cela ?

Le voici :

C'est que, sans cette base de perpétuité, l'instinct social de conservation, que M. de Lisle nomme si bien la conscience publique ou la foi politique, n'a plus de point fixe pour s'attacher, et que, le lien commun venant à manquer, tout le fond qui s'y réunissait se disjoint et se divise dans tous les sens, en parties indépendantes.

Malheur aux peuples, quand leur instinct d'union au pouvoir n'est pas regardé comme un sentiment naturel qui ne permet ni analyse ni discussion, et qui, pour tous les esprits, doit être le point de départ et de *préexistence* d'où tout découle et où tout se lie!

Non qu'on ne puisse persister à soutenir avec fondement que, si la foi politique n'existait pas simultanément avec l'ordre de transmission du pouvoir, auquel elle croit sans examen, comme à ce qui est par essence, l'ensemble du corps social s'évanouirait, ou du moins risquerait de s'évanouir aussitôt (1), mais encore une fois, bien que pour croire à un principe il semble qu'il doive exister avant la croyance, je ne dispute pas de corrélations qui se présupposent l'une l'autre; je me contente de faire observer qu'une pareille croyance entraîne avec elle des mœurs de soumission et de respect *irraisonné*, et ce sont celles-là que je qualifie du nom de mœurs *fondamentales*.

Vous voyez, Monsieur, pourquoi je les distingue des mœurs de développement.

Ces dernières sont nécessairement variables et susceptibles de modifications, et ce que les libéraux, avec un enthousiasme presque en délire,

(1) Il est incontestable que, si la foi politique venait à s'éteindre de telle sorte qu'elle n'existât plus nulle part, le pouvoir n'aurait plus à vivre que d'artifice, et qu'exposé à chaque instant à périr sur la moindre communication hostile entre des esprits sans croyance ni conviction, son règne ne pourrait plus être de longue durée.

appellent progrès et perfectionnement, doit leur servir de règle et de but.

Les gouvernements ne sauraient trop veiller à les maintenir dans cette voie de sagesse et de bonheur.

Mais les mœurs fondamentales, celles qui constituent la foi politique, sont tellement sacrées, et doivent être tellement immobiles, que, si les changements que parfois elles courent le danger d'éprouver sont assez universellement répandus pour s'étendre sur les pouvoirs intermédiaires et sur la force publique, et qu'inconstants et passagers ils ne donnent pas lieu au retour et au repentir, tout se dissout d'incohérence et de dissensions, tout périt, et le corps social, après d'horribles convulsions, disparaît de la surface de la terre.

Point de souveraineté, Monsieur, quelle qu'elle soit, qui puisse être autorisée à porter la moindre atteinte aux mœurs fondamentales; car elle ne vit que par elles, et le pouvoir, lorsqu'elles se sont éloignées de lui, et qu'elles en perdent la connaissance, rentre au nombre de ces *aptitudes* qui ne sont séparées du néant que par la possibilité qui leur reste de renaître à l'effectivité.

Aussi jamais erreur ne fut plus déplorable que celle de ces princes qui, de notre temps, pour conserver un pouvoir éphémère, ont introduit ou laissé introduire dans leurs États la souveraineté du peuple, ce dogme le plus contraire qu'il soit possible d'imaginer à toute organisation de corps politique et de vie sociale quelconque. J'étais si convaincu de cette vérité, qu'à une époque solennelle, lorsque don Pedro donna sa charte au Portugal, et qu'il y mit en tête cette prétendue souveraineté, je m'écriai publiquement qu'il s'était *suicidé*, et qu'il venait d'*assassiner* son peuple; et si le malheureux et ses conseillers téméraires eussent eu plus de lumières, et qu'ils eussent connu véritablement la portée de leur monstrueux ouvrage au moment qu'ils y travaillaient, ils se seraient, il faut le dire, rendus coupables d'un des plus grands crimes possibles contre l'humanité, puisqu'ils auraient favorisé de tous leurs moyens le mouvement qui nous ramène à la barbarie par la théorie de la destruction des sociétés civilisées, et par le retour forcé aux essais fortuits des assemblages primitifs.

Il n'en demeure pas moins exact que, si le principe constitutif et vital de l'organisation sociale ne peut souffrir ni permettre aucun changement dans son *être* et par conséquent dans les mœurs fondamentales, ou, autrement dit, dans l'instinct et la foi publique, sous peine de dissolution du corps politique, il a un tout autre rôle à remplir relativement aux mœurs de développement : il doit y saisir les moments où les vicissitudes des temps et le besoin même d'améliorations s'y font sentir, mais sans rien précipiter, et tout au plus en préparant d'avance dans les esprits les modifications utiles ou nécessaires. En un mot, je l'ai dit souvent, et principalement à l'occasion de la Charte de Louis XVIII, le droit du pouvoir souverain dans les changements des mœurs est plutôt de les *constater* que de les faire naître; mais jamais ce pouvoir ne peut consentir à sa propre destruction, puisque, socialement parlant, tout est par lui et avec lui.

On ne peut le nier : voilà ce que ce monarque éclairé avait profondément senti, lorsque, conservant dans toute son intégrité son titre auguste de roi de France et de Navarre, il octroyait sa Charte et ne se la laissait pas imposer. Cette conduite, on le voit, était ce qu'il pouvait y avoir de plus opposé au système aussi faux qu'hypocrite et pusillanime qui caractérise l'œuvre de Don Pedro.

Heureux donc le roi de France, si, maîtrisé peut-être par d'impérieuses circonstances, il n'eût laissé dans plusieurs articles de son œuvre la vérité s'obscurcir sous des équivoques plus ou moins susceptibles d'interprétations subversives de la monarchie! Heureux surtout si, désavouant franchement une expression fatale échappée à sa prudence, dans la déclaration de Saint-Ouen, celle de *gouvernement représentatif*, qu'il semblait adopter pour régler les futures destinées de la France, il eût dit hautement pourquoi il la bannissait de sa Charte, et s'il eût fait publier par tous les organes de la presse que nul mandataire ne peut donner de lois à ses commettants; que ces deux mots, *gouvernement* et *représentatif*, impliquent la plus étrange contradiction, à moins que, soumis humblement à leurs souverains, les gouvernants ne demandent aux gouvernés de ratifier des ordres dont, sans cette approbation authentique, il serait absurde d'exiger l'exécution! Heureux enfin si, relativement à tout ce qui ne souffrait pas d'ajournement, il eût proclamé que les formes qu'il introduisait ne pourraient jamais dépasser les limites d'un gouvernement purement *consultatif*, qu'après tout on ne franchit jamais dans ces pays même où, n'ayant pas la force de rendre hautement témoignage à la vérité, on la suit cependant, mais par la voie précaire des déceptions, en usant de tous les artifices et de toutes les corruptions pour s'assurer du vote de ces majorités qui, de quelque objection qu'on les presse, sont bien décidées de passer outre si le gouvernement leur en donne le signal.

Ne croyez pas cependant, Monsieur, que l'épithète *consultatif*, dont je viens de me servir, décèle en moi aucune prédilection pour l'arbitraire et pour le despotisme : j'affirme au contraire que, lorsque les formes consultatives sont introduites dans un État, elles offrent la plus sûre garantie contre la précipitation des volontés du prince, et même contre les excès de pouvoir auxquels ses passions le porteraient à se livrer. C'est un sujet que, dans le cours de ma vie, j'ai eu trop d'occasions d'entendre débattre, pour ne pas savoir que les résistances *inertes* sont beaucoup plus puissantes pour empêcher le mal que celles qui, se convertissant en rivalités et en attaques ouvertes, le provoquent, au contraire, de toutes leurs forces.

Ce mot, *résistance inerte*, me conduit tout naturellement à terminer ce que j'avais à dire du rapprochement des organisations physiques sorties des mains de la nature, et même de certains ouvrages mécaniques dûs à l'industrie de l'homme, et de ces organisations politiques que j'ai formellement déclaré reposer sur des principes analogues et de même origine.

Ce n'est que sur la matière, c'est-à-dire sur un solide *inerte*, que les hommes peuvent élever leurs édifices, même le plus doués d'action dans le travail intérieur. Mais si de là on passe aux organisations de la nature physique, par exemple aux plus simples : aux organisations végétales, on voit cette nature associer au principe de vie l'harmonie de forces extérieures qui concourent à son développement; et puisque la même harmonie est nécessaire dans l'organisation politique, de la part des mœurs publiques, il s'agit de décider si ces mœurs tiennent du *repos* inerte qui caractérise la matière (1) ou de l'activité, au moins secondaire, des forces qui concourent, avec le principe propre de l'être, à former l'organisation physique même la moins compliquée.

Il est évident que l'homme est trop doué de volonté et d'action individuelle pour que l'inertie des mœurs publiques puisse être prise dans un sens purement littéral, et dès lors, je n'ai pas besoin d'expliquer que, par exemple, quand je parle de la résistance *inerte* qui entre comme élé-

(1) C'est en vain que les théories absurdes du dernier siècle ont essayé de rendre la matière active par elle-même. Le mot *force*, qu'elles ont toujours été contraintes d'employer pour se rendre compte des effets qui sans cesse y sont produits, a attesté les pitoyables contradictions auxquelles elles étaient obligées de recourir pour s'affranchir de l'inertie par essence qui appartient à cette prétendue substance, et je ne crains nullement d'ajouter que cette inertie est le repos même; car je ne compte pour rien le mouvement émané des espaces célestes et communiqué par vivification à la matière faisant partie des globes qui circulent dans les cieux. Cette animation n'est pas la matière, qui ne fait qu'en suivre l'effet, et qui, par l'impénétrabilité dont elle est douée, n'est qu'une manière d'être, un mode si l'on veut, mais de ceux qui ont une existence appartenant à eux en particulier, en un mot un phénomène d'*essence stagnante et inactive*, propagé dans l'étendue par la vie même, c'est-à-dire par ce Dieu *vivant* auquel la science, quoi qu'elle tente, ne pourra jamais se dispenser d'arriver.

ment dans les gouvernements consultatifs, et qui, dans la divergence des opinions, doit, si tout moyen terme est impossible, *aboutir à l'obéissance et non à la révolte*, je n'entends nullement la priver d'une certaine vivacité de conviction et de vœux qui appartient à tout *avis* fortement prononcé (1).

Je ne saurais donc être accusé de n'avoir pas médité mon sujet, et de ne l'avoir pas envisagé sous son double aspect; mais en même temps, on ne doit pas être étonné que, dès ma première lettre, quand j'ai représenté la foi politique, que je nomme en ce moment *mœurs fondamentales*, comme un milieu nécessaire, je lui aie refusé toute prérogative de souveraineté.

En me servant de ce mot, *souveraineté*, je portais mon attention principalement sur l'action vitale qui dirige tous les mouvements dans le corps politique, et sous ce point de vue, ces mœurs assurément ne sauraient se confondre avec un pareil pouvoir d'animation et de direction.

---

(1) Remarquons que les pouvoirs consultatifs ont leur analogie dans les délibérations du libre arbitre et dans les règles que notre expérience finit toujours par établir, même à notre insu, dans notre manière habituelle de nous comporter.

Mais donner à ces règles et aux modes intérieurs de délibération auxquels nous avons coutume de recourir, leur donner, dis-je, une existence indépendante de la nôtre, et qui nous devienne hostile, c'est le comble de l'absurdité, et voilà cependant où nous ont réduits nos penseurs en matière politique!

Je dis plus maintenant : car si l'on entend par *souveraineté* la faculté de détruire l'ouvrage de la nature, et de créer, à volonté et par bon plaisir, de prétendus corps sociaux, voilà ce que je dénie tout aussi bien aux passions tumultueuses et inconstantes de la multitude qu'au pouvoir individuel d'un seul homme, quelque élevé en dignité qu'on puisse se le figurer; *sous ce point de vue, la souveraineté n'appartient à personne,* et l'immobilité du milieu dans lequel siége en quelque sorte le monarque, immobilité qu'il doit partager lui-même, est, sous peine de ruine et de destruction, d'une nature tellement invariable, qu'il est possible de la comparer à l'inertie de la matière la plus pesante et la plus solide.

Mais ce milieu de l'opinion et de la foi publique, je l'ai dépeint aussi comme analogue à celui de l'air pour les corps animés qui y respirent, et qui trouvent en lui une force harmoniquement établie pour que le principe de l'organisation y exerce la vie et en parcoure toutes les périodes; et, je l'ai déjà à plusieurs reprises amplement discuté, sous ce rapport, les mœurs de développement, bien différentes des mœurs fondamentales, sont douées d'une influence que le souverain, c'est-à-dire le chef suprême qui prononce *définitivement* dans l'ordre de la société, ne peut se dispenser de consulter et même de suivre dans les modes divers et dans les changements qu'elle éprouve, pourvu néanmoins que la tendance de ces changements ne soit pas vers les perturbations ni encore moins vers la ruine. C'est un sujet sur lequel je n'ai plus besoin de revenir.

Maintenant il est visible, Monsieur, que je ne puis adopter sans une grande distinction ces paroles de votre dernière lettre :

« La légitimité est le principe qui *dérive* des conditions réciproques *faites* entre les hommes et *consacrées* par la *nature* et par la *raison.* »

Loin de voir dans la légitimité un principe secondaire, et de la faire dériver de conditions convenues entre les hommes et consacrées ensuite par l'accord de la nature et de la raison, je la reconnais comme la source et le point de départ de l'organisation dont cette nature avait en elle le germe, et qu'elle a promue à l'effectivité, dès qu'il s'est rencontré à la fois un pouvoir libre de tout engagement précédent, et des hommes libres également dans leurs devoirs, mais instinctivement déterminés par le besoin de s'adjoindre à son irradiation, et d'aller recevoir en lui la vie, la direction et l'incorporation sociales.

Et je vous prie de remarquer combien les clauses et conditions dont vous me parlez, ces conditions prétendues réfléchies, et délibérées sans doute à la pluralité des voix dans des assemblées préalables pour qu'il en sorte le principe d'hérédité, admis ensuite comme le même que celui de la légitimité, sont loin de cet instinct de conservation et de ce besoin de protection infailliblement éprouvé par les êtres faibles, lorsqu'ils cherchent leur asile sous l'égide du fort, ou qu'ils le trouvent dans l'ordre de perpétuité qui de lui-même met en vue l'autorité souveraine.

Je ne saurais me le dissimuler : ces conventions, ces clauses, qui se sont présentées à votre esprit relativement à la formation des sociétés politiques, et desquelles le pouvoir vous semble dériver, tandis que c'est de lui et des modes nécessaires de ses développements que naissent toute la série des règlements subsidiaires et la garantie des contrats particuliers ; ces clauses, dis-je, et ces conventions supposées, dont vous me parlez comme d'un fait presque indubitable et tout naturel, sont à mes yeux la preuve que, vous aussi, vous avez payé le tribut aux opinions émanées d'une classe d'hommes probes, savants et laborieux, mais trop peu en garde contre le genre d'études qu'elle cultive. Ces préoccupations d'état qui font, par exemple, que l'industriel rapporte tout au commerce, le cultivateur, tout à l'agriculture, le guerrier, tout à la force, sont, on le sait, une des plus grandes sources des erreurs de l'humanité ; et quelque éclairée et quelque noblement intentionnée que soit la classe dont j'ai ici à faire mention, elle est loin de s'en être toujours garantie.

Cette classe est celle des jurisconsultes et même de la magistrature tout entière.

Accoutumée à raisonner sur des conventions rédigées par écrit et renfermant des clauses explicites, elle part toujours de là pour en déduire les droits et les obligations des particuliers. C'en est assez pour que, transportant tout naturellement ces notions dans la formation de ces grandes sociétés que je nomme politiques, et qui sont les nations mêmes, elle ne voie entre le prince et les sujets, entre le pouvoir et les subordonnés, que de ces engagements que chacun stipule pour son avantage. Alors, la main de la nature se dérobant à ses yeux, elle se sert de ce point de vue, qui lui est si familier, pour se figurer que l'idéal de la perfection veut que des constitutions écrites, renfermant toutes les conditions du pacte social, viennent occuper la place de ces vieilles sociétés marchant de leur propre vie, mais d'une vie inséparable du principe et de l'âme par qui tout se meut et se lie.

Étrange aveuglement que celui qui transporte ainsi dans le domaine de la politique l'idée qu'on se fait des conventions civiles et de ce qu'on appelle des *contrats*, mot sur lequel je me propose de revenir encore à la fin de ma lettre, tant l'abus qu'on en fait dans les questions les plus élevées du droit social est intolérable! Préoccupation déplorable, qui n'aperçoit pas que ces conventions et ces contrats, l'une des bases principales du droit civil, doivent leur valeur aux juges qui en interprètent les obscurités, et leur inviolabilité, à la force publique qui les fait exécuter; mais que ces juges et cette force ne pouvant s'entremettre entre les souverains et les peuples, il faut remonter plus haut pour reconnaître par quel moyen l'ordre et la stabilité se maintiennent des sujets aux têtes couronnées et de celles-ci à ceux-là. C'est qu'en effet la foi politique et les mœurs suppléent victorieusement aux sentences des juges, tant qu'on part de l'existence du corps social comme d'un fait dont on ne se dit pas même qu'y porter atteinte c'est périr, et tant que, sur de pareilles questions, on obéit au même sentiment qui nous interdit de nous demander ce qu'on ferait de nous si nous n'existions pas.

Cette étonnante pensée de chercher à faire quelque chose de nous lorsque nous ne sommes plus, voilà cependant l'insoutenable paradoxe dont nos gens de loi, depuis cinquante ans, à je ne sais combien de reprises, se sont efforcés de faire une réalité.

Et ils n'ont pas vu que, forcés de donner aux fruits de leur faconde, décorés du nom de constitution, les volontés du nombre pour principe et pour garant, de ce nombre prétendu réformateur impérissable des abus et des préjugés, ils se livrent à l'arbitraire le plus versatile, le plus passionné et souvent le plus inhumain, et que jamais ni justice, ni ordre, ni lumières, ni stabilité ne sortiront d'un tel lieu pour consolider leur ouvrage.

Que si l'on m'objecte que, me refusant aux constitutions de main d'homme, je dois admettre nécessairement celles de droit divin, puisqu'à mes yeux la nature n'est que l'ordre établi par Dieu même, d'où il suit que les constitutions naturelles ne peuvent être que l'ouvrage de la Divinité ; je répondrai qu'à cet égard j'ai, dans de précédents écrits, fait de grandes distinctions, et que j'y persiste.

Si l'on entend par droit divin l'injonction d'obéir à tout pouvoir, quel qu'il soit, dans le moment où il est le plus fort, je conviendrai qu'il est de certaines situations où la résistance physique est inutile et peut devenir un désordre, même quand l'injustice ou le crime usurpe la place du commandement.

Ainsi j'ai souvent cité l'exemple d'un voyageur enlevé par un chef de brigands, et que celui-ci enfermerait dans sa caverne pour juger les différends entre ses subordonnés. Comme il faut un ordre public, même dans les plus infâmes repaires, le voyageur pourrait, *relativement*, y exercer la justice distributive de la manière la plus équitable; mais s'il s'agissait de donner main-forte aux brigands et de leur venir en aide dans leurs excursions contre les autres voyageurs, c'est alors que, sorti de ses fonctions et des limites de sa juridiction, le juge deviendrait complice.

Le droit divin, en ce qui concerne l'obéissance due aux gouvernements, doit donc nécessairement les séparer en deux classes :

1° Les gouvernements de simple police ;

2° Les gouvernements légitimes.

Et dès lors les gouvernements de police, quand ils ne sont pas en même temps légitimes, n'ont d'obéissance à réclamer qu'en ce qui demeure étranger à la cause de la légitimité ou du moins en ce qui concerne le repos matériel, si l'on entreprend de le troubler témérairement et sans espoir fondé d'arriver définitivement au triomphe de la justice.

Lorsque, abusant de l'exemple de l'obéissance des premiers chrétiens à des gouvernements de la nature de ceux vers lesquels le genre humain semble se précipiter de nouveau, c'est-à-dire à des gouvernements de police militaire, sortant de discordes sans cesse renaissantes et n'ayant d'autre mission que d'enchaîner l'anarchie sous la force, on prétend faire servir la religion à consacrer la domination des usurpateurs, il n'est pas un seul sujet fidèle à ses princes qui ne sente toute sa conscience se révolter contre une telle profanation des dogmes saints, et qui ne rejette loin de lui cette dénomination de *droit divin* comme une horrible dérision de ce que l'homme peut concevoir de plus auguste et de plus sacré.

Mais on ne manque jamais d'opposer aux esprits droits et aux cœurs purs qui vouent un culte sans mélange à la légitimité, que l'histoire ne nous montre que bien peu de gouvernements qui ne soient entachés d'usurpation dans l'origine, et bien des fois, j'ai été sommé en mon particulier de déclarer quelle époque je prétendais assigner pour rendre légitime ce qui commence par l'iniquité.

J'ai répondu que les questions de prescription, soit qu'elles aient rapport au maintien des trônes, soit qu'elles n'envisagent que celui des plus simples propriétés particulières, dépendent d'un passage qu'il est hors du pouvoir de toute sagacité humaine de déterminer d'une manière absolument précise. Ce passage est celui où, par le laps du temps, la nature des choses vient à changer (1).

---

(1) J'ai déclaré bien des fois que je me refusais à reconnaître la vérité de la maxime du droit romain : *quod ab initio non valet tractu temporis convalescere nequit.* Mais à quelle époque l'oblitération des faits et les vicissitudes des temps changent-elles la nature de la possession et en effacent-elles le vice, lorsque dans l'origine elle fut illicite? Voilà ce que l'homme peut d'autant moins assigner avec une précision mathématique, qu'un nombre illimité de circonstances et de données variables à l'infini entre toujours comme base nécessaire dans la décision de la question.

Pour tout homme qui s'assied à l'embouchure d'un fleuve, à l'endroit même où ses eaux se mêlent à l'Océan, il est impossible de désigner d'une manière absolue le lieu où l'onde amère a commencé, et où l'eau douce a cessé d'être; cependant, à de certaines distances, tous les doutes sont levés, l'eau saumâtre et l'eau dépourvue de parties de sel sont parfaitement distinctes. Que si l'on ne se contente pas de cette observation et de l'analogie qu'on doit en tirer, pour se convaincre qu'il est de certaines époques où la prescription est trop évidente pour n'être plus douteuse, je pourrais renvoyer le lecteur à d'autres écrits dans lesquels j'ai traité la matière avec plus de détails, et je me borne à dire, succinctement, qu'en fait d'usurpation politique je mets une grande différence, pour le repos de la conscience, entre les descendants des sujets contemporains du crime et les descendants des pouvoirs usurpateurs.

Pour les premiers, le besoin de cet ordre intérieur que j'appelle *ordre de police*, et l'oblitération du passé, finissent par les rendre parties inactives dans des litiges à l'égard desquels il leur devient aussi impossible de prendre parti que difficile de bien juger. Mais pour les seconds, je maintiens qu'ils doivent avoir trop de connaissance de leur titre de possession, et qu'ils sont dans une position beaucoup trop indépendante, pour n'être pas consciencieusement tenus de suivre une ligne de conduite toute différente.

Je dis donc que si la race des Stuarts existait encore, les princes de la maison de Brunswick, s'ils voulaient, devant Dieu, interroger la voix secrète qu'on ne peut jamais étouffer quand il s'agit de grands devoirs à remplir, auraient à descendre du trône, après toutefois que les princes dépossédés à qui ils remettraient la couronne se seraient engagés à n'exercer ni réactions, ni vengeances, dans un empire où leur nom était depuis si long-temps effacé de toutes les transactions publiques et particulières, et je conclus de ces considérations que, de prince à prince, rien n'est jamais terminé entre le droit et l'usurpation que par l'extinction des races spoliées ou par des traités dans lesquels ces dernières ont honorablement accepté de nouvelles destinées qui s'ouvraient encore avec gloire à leur noble ambition.

Enfin ce serait laisser le sujet incomplétement approfondi, que de ne pas rappeler ici la double mention du droit divin et du droit humain, à l'aide de laquelle M. de Lisle me paraît, dans son journal, avoir poussé l'examen de ce point de *l'ordre social* jusque dans ses dernières limites.

Cet ordre fait partie de *l'ordre universel* qui comprend la nature entière.

L'ordre universel embrasse non-seulement tous les espaces, mais encore tous les temps.

Sous ce dernier rapport, il est certain que ce que nous qualifions *le mal* ne l'est jamais que *relativement*, et ne mérite pas ce nom d'une manière absolue.

Le critique téméraire qui relèverait un défaut apparent dans un des livres des deux poèmes qui ont immortalisé Virgile serait, plus tard, immanquablement confondu, si le mérite de ce poète était porté jusqu'à la perfection par excellence, de telle sorte qu'une seule inadvertance n'eût jamais pu lui échapper.

On ne pourrait alors douter que le lieu regardé comme défectueux, où l'admiration cesserait, amènerait ailleurs la plus heureuse surprise, et deviendrait l'origine de beautés du premier ordre.

Voilà comme il est facile de se rendre compte pourquoi, tout ici bas appelant son complément dans l'ordre universel, tout est bien dans l'espace éternel des temps, quoique le mal *relatif*, c'est-à-dire le mal de mouvement et de passage, soit souvent incontestable.

Ce mal, il nous est défendu d'y prendre part, toutes les fois que la justice en reçoit des atteintes.

La justice dans ses applications en ce bas monde,

et le droit humain, sont une seule et même chose.

Donc, bien que le droit divin s'étende sur la nature entière, le droit humain ne saurait cesser pour cela d'être celui de l'humanité.

Donc, cependant, lorsque l'application du droit humain ne peut plus avoir lieu, comme l'histoire nous en offre des exemples frappants, ne fût-ce que dans l'extinction des races légitimes, le droit divin, mais alors seulement, prend la place, et la légitimité reparaît pour de nouveaux pouvoirs.

Donc, enfin, tout est droit divin, mais avec la condition de la légitimité pour l'homme dans l'ordre politique; et songer à faire du droit divin sans cette légitimité, c'est enfanter une pensée monstrueuse; c'est plus que vouloir faire de rien quelque chose, car c'est obliger l'homme de bien à nier le droit divin, pour ne pas se trouver dans l'affreuse nécessité de rendre hommage au crime.

Cet hommage au crime, les libéraux pensent-ils l'éviter par des holocaustes à leur idole ordinaire, et en reconnaissant dans le peuple le préposé de la nature, si ce n'est de la divinité, pour décider en arbitre suprême de toutes les questions de vérité, de justice et d'humanité? On n'a qu'à parcourir l'histoire de toutes les républiques pour se convaincre du contraire.

Que des hommes superficiels adoptent des erreurs qui les conduisent à ce désordre radical qui ferait à jamais du genre humain le vil jouet des volontés délirantes du nombre : cela se conçoit aisément; mais que des jurisconsultes, des magistrats, par esprit d'opposition au pouvoir, se jettent dans les voies de l'arbitraire le plus intolérable, arbitraire qui sort nécessairement du choc des passions de la multitude, lorsque, lui conférant la souveraineté révolutionnaire, on prend à tâche, pour ainsi dire, d'anéantir en elle l'habitude de la *règle* première, ou, en d'autres termes, de *la loi* : voilà ce qu'il semblerait impossible d'imaginer, si les faits ne nous forçaient d'y croire.

Et comment la postérité pourra-t-elle comprendre jusqu'où s'est égaré le respect pour les formes judiciaires, pour ces formes, dont moi-même, il est vrai, je reconnais toute l'importance, j'allais dire la rigoureuse inviolabilité, si cependant la raison et la conscience ne m'avertissaient qu'il existe quelque chose au-dessus de la *légalité*? Comment a-t-il pu se faire que, depuis des siècles, la généralité de cette magistrature si pure, si élevée de sentiments, si constante dans la recherche et dans l'étude des principes, ait pris si souvent le change quand on proférait ce mot sacré, *la loi*? Et combien est-il déplorable que la pratique journalière de ses fonctions, toujours nobles mais quelquefois trop restreintes, lui ait caché la vérité jusqu'au point de lui faire méconnaître que la *légalité*, je dis plus, *les lois même, ne sont que les conséquences et les vassales de la* LOI?

Tel était, à bien le prendre, le fond de ma pensée, lorsque, dans ma première lettre, je vous écrivais : « Les lois, les coutumes et les mœurs, ne sont pas les sociétés mêmes. »

La distinction qu'en vous écrivant aujourd'hui j'ai pris soin d'établir entre les mœurs fondamentales et les mœurs de développement vous explique déjà comment il serait possible que des *lois*, loin d'être la *loi*, lui fussent directement contraires, de même que des mœurs, en s'éloignant de cette loi, et en déviant de ses conséquences, se mettent en dehors de la société et lui deviennent hétérogènes.

Vous, Monsieur, vous voyez au contraire que les mœurs sont tout pour les empires; et en effet, les mœurs, si on les confond avec la foi politique, sont tellement l'appui des gouvernements que, si ces derniers, ai-je déjà dit, en sont universellement abandonnés, eux et la société qui vit de leur pouvoir et de leur direction, n'étant plus ni secondés ni moralement unis dans les chefs et dans les membres, menacent de s'évanouir à l'instant même.

S'ensuit-il, pour revenir à mes exemples, dont l'application est, j'ose le dire, péremptoire, que l'air atmosphérique, dont la privation ôte au principe vital des corps tout moyen d'agir et de se manifester, soit la même chose que lui? S'ensuit-il aussi que les supports et les rouages de la montre soient à eux seuls cette montre même, si celle-ci n'a d'existence réelle que par la vie qui, en quelque sorte, lui vient du ressort? Ces rouages, ces supports, que n'aurais-je pas à en dire, si, obligé de leur donner une moralité, je ne pouvais me dispenser de les considérer comme adaptés par devoir à ce premier ressort, et si, au mépris de leur loi constitutive, je les voyais, en certaine quantité, s'attacher à un nouveau pouvoir de leur choix, et prétendre cependant n'avoir pas changé d'assemblage? Aussi, Monsieur, sans nulle contradiction avec moi-même, et seulement par voie d'explication, ai-je été conduit, à l'aide d'une simple distinction, à faire disparaître toutes les obscurités et les équivoques de la discussion, et cela dès le moment que j'ai introduit l'instinct politique et la partie des mœurs qui, s'identifiant avec lui, donne lieu, dans leur relation avec le pouvoir, à un sentiment d'existence préétablie, qui fait du corps social un tout homogène.

Il est manifeste que cette existence n'éveillerait rien que d'*inerte* dans notre pensée, si le sentiment que nous en avons, en se doublant pour ainsi dire, ne renfermait en lui-même un sentiment *connexe*, par qui se révèle l'*animation* provenant du pouvoir vivificateur de l'ensemble. Or le point de fait consistant dans cette existence *animée*, laquelle ne saurait avoir lieu sans un caractère, sans une manière d'être qui lui soit propre, voilà ce que j'appelle *la loi* première, la loi par excellence, et comme je vais m'en expliquer un peu plus bas, ce qu'il vaut mieux encore appeler en un seul mot *la loi*, parce que, par cela seul que, soit en qualité de monarchie, soit en qualité d'aristocratie ou même de *démocratie*, elle existe, tout, à partir de cette donnée de la nature, en découle ensuite ; et à quelle base, en effet, peut, avec plus de justesse, s'appliquer ce nom de *loi* qu'à celle d'où le fait organisateur, prenant son cours et le poursuivant conformément aux temps et aux lieux, ne peut, malgré les vicissitudes secondaires, qu'obéir au principe dont l'absence devient aussitôt sensible depuis même les irrégularités les plus légères jusqu'aux plus sanglantes révolutions.

Je ne faisais, je l'avoue, que pressentir toute l'étendue que comporte l'idée complète de la loi, lorsque, soulevant la question que je traite aujourd'hui plus directement, et me plaignant du rétrécissement de vue et de science dont je n'ai jamais vu aucun légiste se garantir, et qui fait disparaître la *loi* devant la *légalité*, j'écrivais, le 4 juin 1834, au rédacteur de *l'Impartial* une lettre dans laquelle se trouve le passage suivant :

« La loi est une règle. *Lex est norma.* La légitimité est la règle par excellence, puisqu'elle est le principe social, transmis de génération en génération. Donc la légalité, qui n'est que la règle dans la forme, ne peut se séparer de la légitimité, à moins qu'on ne veuille élever des édifices sans terrain ni base. »

J'aurais dû ajouter que la *législation* n'a pas plus de droit que la *légalité* de se désunir de la *légitimité*.

Car la légitimité, étant la règle dans le fond, suppose nécessairement que des règles subsidiaires, conséquences de la règle fondamentale, doivent, si je puis m'exprimer ainsi, sourdre en même temps que les développements pour y maintenir la succession de l'ordre ; ce sont là les *lois*, puis la manière de les appliquer ; voilà la forme ou la *légalité*.

Quelle funeste erreur est donc celle qui, sortie du spectacle habituel que nous offrent l'enceinte de nos chambres législatives et celle de nos tribunaux, n'a plus d'yeux ni d'entendement que pour la légalité et les lois, et ne soupçonne même plus l'existence de la loi !

Je me fais un devoir de l'avouer sans détour ; je ne crois pas, d'après le passage qu'on vient de lire, et d'après beaucoup d'autres que je pourrais citer, qu'il soit possible de me contester d'avoir, dès long-temps, approfondi le sujet jusqu'aux vraies racines de la loi ; mais c'est aux savantes discussions de M. de Lisle, dans le journal *la France*, que je dois d'avoir classé d'une manière imperturbable mes idées sur ce mot, *loi;* et cela ne pouvait être sans que je lui rendisse incontinent sa véritable valeur. Je me disais bien que la légitimité, étant la première des règles, était par conséquent la première des lois; mais une lecture attentive des divers articles publiés par M. de Lisle, relatifs à la foi politique, m'a convaincu que cette foi, sans laquelle nulle nation ne peut subsister, devait nécessairement s'attacher à une base immuable : chose fort différente de *règlements* décorés du nom de lois et variables de leur nature.

Si cette foi immuable, comme sa base, n'a pas en elle-même la prérogative d'action et de direction propre uniquement au principe de vie à qui seul appartient le nom de *souverain;* si, par conséquent, j'ai eu droit, dans ma première lettre, de lui dénier le titre de souveraineté pour ne lui laisser qu'un rôle très voisin de la pure inertie; la lecture des dissertations de M. de Lisle ne m'a pas moins persuadé que j'avais à en parler beaucoup plus que je ne l'avais fait jusqu'à présent;

et comme on l'a vu, je me suis cru obligé d'ajouter au bas d'un passage de cette lettre une note annonçant que je me proposais de discuter plus tard ce que, pour le moment, je ne faisais que mentionner.

C'est principalement dans les numéros de *la France* du 15 au 20 mai, que M. de Lisle a traité les questions de *la loi* avec une hauteur de vues peu commune, et une logique imperturbable et péremptoire. J'ai su, dès lors, à quel point de croyance s'adressait la foi politique, et certain que j'étais que ce ne pouvait être qu'au principe social lui-même, la *loi* à mes yeux s'est aussitôt moralement distinguée des *lois*. La source vivifiante, commune à toute organisation possible, est ressortie avec encore plus de clarté dans ma pensée; je l'ai vue animer tout, sans pourtant perdre son caractère en se mêlant au cours des *subséquences* diverses; et les mœurs, en tant que *fondamentales*, mot synonyme d'une harmonie complète avec cette source, sont devenues pour moi chose toute différente des mœurs subissant les modifications successives qui tiennent à tous les développements, même à ceux qui se poursuivent dans l'ordre le plus régulier et le plus tranquille.

Il ne me reste plus, Monsieur, qu'à vous faire remarquer une expression dont vous vous servez dans votre dernière lettre, et dont j'avais annoncé précédemment que j'aurais à m'occuper une dernière fois, parce qu'on en avait singulièrement abusé.

Toutefois, ce n'est plus dans l'emploi aggrégatif que vous faites de ce mot (emploi sur lequel je n'ai pas caché ma façon de penser), qu'est l'abus que je me suis encore imposé la loi de relever. Celui dont je m'occupe en ce moment appartient plus particulièrement au cercle d'idées dans lequel se renferment le plus volontiers les jurisconsultes.

Voici d'abord vos paroles :

« Le CONTRAT d'union, dites-vous, entre les membres du corps social, se forme spontanément, sans le concours individuel et volontaire, sous l'empire d'un instinct conservateur, etc. »

Au lieu de diriger cet instinct vers l'association des citoyens par juxta-position de chacun d'eux s'adjoignant à son voisin le plus proche, et ainsi de suite jusqu'à ce que toute la population entière soit liée, portez-le vers le pouvoir d'où l'on attend protection et sécurité, et qui tout naturellement devient alors le chaînon commun de l'ensemble, et nous serons alors du plus parfait accord. Mais ce n'est pas de ce point, depuis long-temps entièrement éclairci entre nous que je veux parler: c'est de l'usage absurde que nos légistes font de ce mot, *contrat*, en droit politique.

Je ne nie pas cependant, que, de l'individusujet à l'individu-souverain, il n'y ait une condition tacite de gouvernement : cette condition, c'est *la justice* que chacun a le droit de réclamer du chef de l'État, et dont tout tyran menace continuellement de priver ses subordonnés.

Mais ainsi considéré, le mot *contrat* perdrait tout le sens qu'y attachent nos gens de loi, lorsqu'ils nous présentent sans cesse l'image d'un *pacte* conclu entre le prince stipulant d'une part et la nation stipulant de l'autre.

Comme, ainsi que vous l'avez fort bien remarqué, une nation n'est pas une individualité, et qu'un certain nombre de stipulants ne sauraient engager ceux qui ne stipulent pas, il est inconcevable qu'une pareille ineptie d'un prétendu contrat général, obligatoire pour ceux même qui n'ont pas consenti, puisse être prise pour base par des hommes qui cependant doivent se connaître en raisonnement.

Mais cela s'explique toujours par la considération des habitudes des propagateurs d'une si étrange erreur.

Elle provient de ce que, sortis pour la plupart de la magistrature ou du barreau, ils partent de l'idée de corps délibérants tout formés au lieu de raisonner antérieurement à la formation.

De là cette décision des questions que de nos jours on s'est accoutumé à remettre, en toutes choses, à la pluralité des voix, comme si rien n'était mieux assorti à l'ordre de la nature qu'une pareille méthode.

J'ai, dans d'autres écrits, complétement démontré, j'ose le dire, que la monarchie, et même la monarchie la plus despotique, est la première voie dont se sert la nature pour rassembler les hommes en peuplades primitives, abstraction faite de celles qui sortent originairement d'une souche commune et par conséquent d'une seule famille.

J'ai dit que, lorsque le chef de ces peuplades négligeait avant sa mort d'assurer le commandement à un successeur, alors un mouvement instinctif, mais non un compte régulier de pluralité, pouvait donner naissance à la démocratie.

Ce mouvement, toujours produit par l'instinct et le désir de propre conservation, devait nécessairement attacher les individus à la masse; car les chefs venant à manquer, elle seule s'offrait encore à la pensée comme la force protectrice au sein de laquelle on pouvait trouver refuge et salut contre les périls extérieurs, toujours si redoutables et si fréquemment semés dans la vie errante et sauvage.

Pour ne pas trop m'étendre sur un sujet purement accessoire, je me contente de cette remarque qui explique l'origine de quelques républiques, que, çà et là, on a rencontrées quoique en bien petit nombre chez des peuples primitifs. Lorsqu'on ne voit plus que la masse, il faut bien que la volonté de la plus forte section l'emporte sur celle des autres; et l'on conçoit que des conséquences et des formes plus ou moins démocratiques deviennent le développement nécessaire d'un tel état de choses.

Je n'en dis pas davantage sur un objet qui rentre dans la marche générale de la formation des sociétés par l'agglomération *autour* d'un premier pouvoir, quel qu'il soit, et je n'insiste pas sur des notions que je crois avoir suffisamment traitées dans d'autres occasions.

Je veux seulement faire sentir à quelle source on a puisé la métaphysique étroite et fausse qui prétend établir en règle générale que, sur tous les points quels qu'ils soient, c'est toujours à la pluralité des voix qu'appartient de trancher les difficultés et d'imposer ses volontés.

Cette métaphysique à laquelle on a voulu donner un air de profondeur, en invoquant non le droit de propre conservation qui est celui des êtres de toute nature, droit d'asile sous la protection du pouvoir, mais celui d'une *prétendue égalité* de délibération et de décision dévolue à *chacune des inégalités individuelles* qui peuplent le globe terrestre, cette métaphysique, dis-je, ne peut pas être celle du corps des nations; elle n'a jamais pu émaner que de corps dont les membres fussent tous censés égaux en puissance; et chez nous, tout naturellement établie dans les corps de judicature, c'est par eux que, sans qu'ils s'en aperçussent même, elle est devenue vulgaire, et qu'elle a occupé une place peu méritée dans le recueil des vérités presque incontestablement reconnues.

Je n'ai besoin, pour mieux m'expliquer à ce sujet, que de me copier moi-même, en citant l'extrait d'une lettre que j'écrivais à une personne avec laquelle j'étais engagé dans une discussion polémique.

« L'habitude de compter par voix tire le plus ordinairement son origine de certaines positions où la mise sociale est égale de la part de tous les individus. Ainsi, dans les corps de magistrature, on admet comme vrai que tous les magistrats, d'après les études qu'ils ont faites, sont également instruits. Cela posé, comme celui qui ouvre ou qui soutient un avis peut, par plusieurs motifs, payer tribut à la faiblesse humaine, et par exemple, s'opiniâtrer par amour-propre dans son système, on suppose que la pluralité, également éclairée mais impartiale, doit juger plus sainement que l'individu. De plus, quand un sacrifice est inévitable et *qu'il est égal pour tout le monde*, il est juste de restreindre, autant que possible, le nombre d'hommes sur lequel il doit peser; par conséquent la minorité seule doit être grevée.

« Mais la mise sociale, lorsqu'on entre dans la société politique, ne doit pas être considérée aussi superficiellement.

« D'abord, elle est visiblement inégale, puisque chacun n'apporte pas le même contingent de force physique, de courage, de lumières, de fermeté dans les résolutions, etc., etc.

« Ensuite, quel que soit ce contingent, ceux qui l'apportent ont en vue des avantages de diverses sortes.

« Non qu'il n'existe de ces avantages à l'égard desquels la volonté de les obtenir soit nécessairement identique et poussée à un degré qu'on peut dire égal chez tous les individus qui s'associent.

« Telle est l'intention de trouver appui et assistance pour sa personne et pour ce qu'on possède, et par conséquent, de s'attacher à un pouvoir protecteur : *cette volonté d'être protégé est* UNIVERSELLE.

« Mais il en est d'autres, au contraire, qui souffrent de grandes inégalités et de grandes différences dans les volontés qui se portent vers eux. Telle est, par exemple, l'influence qu'on croit pouvoir exercer sur les autres par son savoir, par son talent, etc.

« Ici, la volonté peut être tout-à-fait diverse et le libre arbitre, dans le choix de la conduite qu'il doit tenir dans les questions d'influence, se divise en deux catégories opposées :

« 1° Le libre arbitre qui veut exercer cette influence : il appartient au petit nombre ;

« 2º Celui qui la craint, ou qui du moins doit la craindre, parce qu'il se sent, ou qu'il doit se sentir dans l'impossibilité d'être, à son égard, autrement que passif.

« Ce libre arbitre est celui du grand nombre.

« S'il est sage, il a, par-dessus tout, à se défier de ce qui peut tendre à renverser l'ordre public, puisque, sans cet ordre, il ne peut rencontrer qu'artifice ou domination.

« S'il est déraisonnable, de quel droit prétend-il dicter ses ordres à la minorité et DÉROGER A SA PROPRE VOLONTÉ ? Car la volonté UNIVERSELLE, celle qui veut protection sous un pouvoir durable, est aussi la sienne ; et, comme elle est un gage de sécurité, IL NE PEUT EN FRUSTRER QUI QUE CE SOIT DES ASSOCIÉS. »

Permettez-moi, Monsieur, de terminer notre correspondance par ces derniers mots : la volonté qui, dans l'ordre social, entend jouir de la protection qui lui vient du pouvoir souverain, est la volonté *universelle*, et comme c'est par elle que ce pouvoir rassemble les éléments et garantit à chacun sa sécurité, nul n'est plus maître de retirer de l'universalité sa volonté individuelle ; en elle est la propriété de tous les associés, sans en excepter un seul, et la volonté générale, c'est-à-dire la volonté du grand nombre, n'est rien en droit, absolument rien devant celle de tous.

Vous m'avez montré, Monsieur, trop de discernement, et votre jugement a trop de rectitude pour que je ne puisse pas me flatter que vous ne sentiez toute la force de ces deux mots, la volonté *universelle*, quand on les oppose à la volonté *générale.* Je défie tous les libéraux présents et futurs de jamais y échapper.

Je ne pense pas que le reste de ma doctrine ait pu vous paraître d'une précision aussi peu capable d'admettre d'équivoque et de contradiction. J'ai dû me contenter de *jalonner* la route, persuadé d'ailleurs que je suis qu'elle s'affermira sous les pas de ceux qui y rechercheront des détails d'analise dont elle abonde, mais à l'étude desquels, si je voulais les embrasser tous, mes forces seraient très certainement hors d'état de suffire.

Cependant, je ne l'ignore pas, avant de s'y engager bien profondément, plus d'un esprit, parmi ceux dont j'estime le plus la sagesse, et dont j'ambitionne particulièrement les suffrages, s'effraiera peut-être d'un certain aspect de nouveauté sous lequel il serait possible que quelques-uns de mes principes s'offrissent à ses yeux. Aussi n'aspiré-je à ramener mes lecteurs à ma conviction qu'après que, peu à peu, la réflexion les aura détachés des préoccupations dont ils ne sont pas les maîtres. Mais cette conviction, qu'ils ne partagent pas encore, est la mienne ; je l'ai acquise en me dépouillant de toute notion admise avant le plus sévère et le plus impartial examen. Elle en est d'autant plus vive, cette conviction, et je ne suis pas de ceux qui croient que l'homme n'est fait que pour écouter la voix de son orgueil et de son intérêt ; je crois au contraire que, fait pour la vérité, les leçons sévères qu'il reçoit de la nature, quand il s'en écarte, finissent toujours par l'y ramener, lui, ses enfants ou sa race ; je ne me lasserai donc pas de réclamer pour elle, et dût mon repos et plus que mon repos en souffrir, je serai, jusqu'à mon dernier soupir, le constant adversaire de tant d'écrivains qui souvent me forcèrent de les laisser bien en arrière de leur siècle, dont, sans qu'ils s'en doutassent, je suivais l'impulsion, tandis que leurs sophismes surannés les rangeaient parmi les sectateurs de l'immobilité.

Agréez de nouveau l'assurance de mes sentiments et de ma considération.

Comte DE SAINT-ROMAN.

Paris, ce 12 juin 1835.

RÉPONSE DE M. RÉDARÈS.

Monsieur le Comte,

L'opinion que j'ai émise sur le sens du mot *patrie* vous a paru favorable aux gouvernements de fait et à cet optimisme doctrinaire qui sacrifie la probité politique et l'honneur du citoyen à l'insolente fortune : voilà pourquoi vous m'avez fait une si terrible guerre. Brave et fidèle chevalier de la légitimité, vous avez défendu avec le courage du fanatisme votre foi et vos principes, et vous êtes devenu l'athlète de cette cause sociale que les philosophes de notre époque appellent un vieux préjugé.

Cependant vous vous tromperiez étrangement, si vous pensiez que je suis de ces hommes tolérants et faciles qui prennent les événements comme ils viennent et les gouvernements comme ils sont. Moi aussi, j'ai ma manière de voir les affaires de ce monde; j'ai ma balance et mon régulateur pour peser les actions et juger de leur mérite, et si je fais la part des faiblesses et des illusions de mon siècle, je voue un souverain mépris à ces misérables ambitieux qui font un trafic scandaleux de la fidélité et du serment, et qui s'imaginent pouvoir justifier leur conduite par la puissance invincible des destinées.

Oui, la patrie est dans le sol; les lois et les mœurs forment la patrie, mais ceux qui brisent par la révolte les liens de la communauté sont de mauvais citoyens, et ceux qui, par l'ascendant de leur génie, facilitent ce désordre politique, sont de lâches égoïstes qui sacrifient l'honneur et le devoir à une criminelle ambition.

Toute société politique est basée sur un principe organisateur sur lequel reposent les destinées du peuple et du souverain. Ce principe éclaire et dirige la conscience et forme la probité des gouvernants et des gouvernés. Quand on engage sa foi, quand on jure d'être fidèle à ce principe, on se lie sans restriction, et pour toujours; le serment est le fruit de la conviction et du zèle : c'est une œuvre de religion et de conscience; c'est l'acte unique et solennel du citoyen devenu homme politique. Si le serment n'engageait pas aussi bien pour l'avenir que pour le présent, où seraient sa sainteté, sa force morale et ce caractère sacré d'inviolabilité qui captive la confiance et enchaîne le sentiment? Ceux qui, dans nos discordes civiles, ont joué si impudemment avec les opinions et fait un si étrange abus de la foi jurée, ont cherché, par une apparence de dévouement, qu'ils ont appelé patriotique, à échapper à la responsabilité morale de leurs actes. M*** a dit : « Je fais tout pour ma patrie et rien pour les hommes qui la gouvernent; les rois tombent, ils fuient; mais la patrie reste debout; et je reste avec elle pour la soutenir et la défendre. » Bien, M. le conseiller: mais la patrie n'est-elle pas dans les lois, dans le principe organisateur, dans le lien social? Et, si vous violez toutes ces choses, si vous les méconnaissez après les avoir reconnues, êtes vous vraiment un bon citoyen? Vous restez, dites-vous, dans votre patrie, après un revirement universel dans l'ordre politique; c'est encore bien, si vous y restez pour opposer la force morale et la puissance d'un génie réparateur à ceux qui violent les lois et usurpent les droits légitimes; si, étranger à toutes les perfidies et à toutes les trahisons, vous êtes inébranlable dans la ligne que la conscience et le devoir vous ont tracée. Alors vous devenez l'ennemi redoutable des infâmes qui fatiguent le peuple du poids de leur ambition; et votre opposition, votre silence même est un blâme qui les accable. Mais, lorsque, esclave des événements, vous suivez le torrent de toutes les prospérités révolutionnaires et le souffle de toutes les contagions usurpatrices; lorsqu'on vous voit républicain la veille et bonapartiste le lendemain, et que chaque variation de votre politique est pour vous un accroissement de bonheur, vous n'êtes pas l'homme de la patrie : vous êtes un intrigant, un modèle vivant de cette nuée de parvenus qui, en 1830, assiégeaient le palais du roi des Français pour demander des places et de l'argent; et, quelque grand que vous soyez en dignité et en fortune, je vous crois celui que madame de Staël appelait *un bas de soie rempli d'ordure*. . . . .

Je vous remercie, Monsieur le Comte, de m'avoir fait connaître vos doctrines et vos croyances; si elles n'ont pas servi à me convaincre, elles m'ont éclairé, et m'ont forcé d'avouer avec Socrate que plus on acquiert d'expérience plus on apprend qu'on ne sait rien. Toutefois, je me garderai bien de les condamner et même de les combattre. Le système des forces agissantes et des pouvoirs créateurs peut bien n'être, comme la plupart des systèmes métaphysiques, que le fruit d'une riche et brillante imagination; mais il n'en est pas moins vrai qu'il a souri à plus d'un philosophe, et que les plus grands génies de l'antiquité l'ont compris et même préconisé. Épicure n'a vu dans la matière qu'un composé d'animalcules unis par la force d'aggrégation, et privés en apparence de la vie, par le pouvoir d'affinité ou de sympathie qui équilibre et balance leurs forces vitales, et les soumet à un état de repos. Newton croyait aussi à des pouvoirs créateurs qui émanaient du pouvoir suprême. Lorsque son génie eut pénétré dans les secrets de la Nature et découvert la cause de l'harmonie universelle, il voulut aller plus loin; il s'éleva jusque dans les cieux pour étudier les lois du mouvement; mais, en jetant un regard dans l'immensité, il vit partout une source intarissable, une fusion infinie de forces créatrices; et, convaincu que c'était là la science de Dieu, il mit un genou à terre et adora celui qui donne la vie à l'univers. Votre système s'appuie donc sur de grandes autorités; je doute fort qu'il puisse convenir à la raison éclairée de notre siècle, raison qui, tout audacieuse, tout révolutionnaire qu'elle soit, n'en est pas moins encore le guide le plus sûr de la conscience et du jugement. Depuis cinquante ans, nous sommes dupes, et ce n'est pas sans avoir fait tout ce qu'il est possible pour ne pas l'être. Nous avons essayé de tous les principes et de toutes les théories; nous avons, comme les chimistes, mélangé, combiné, mesuré la force de tous les agents sociaux, afin d'arriver à l'équilibre des droits et des intérêts; et nous sommes encore sans union, sans point d'appui, sans route tracée; nous marchons en aveugles, sans avoir d'autres guides que nos passions. Demandez au peuple pourquoi ce peu de progrès dans nos mœurs politiques; il vous le dira; il vous dira que les hommes du pouvoir ont manqué trop souvent de conscience et de probité ; que, presque toujours, ils ont laissé sur le seuil du prétoire leurs principes et leurs convictions, pour ne s'occuper que de leurs passions et de leur égoïsme ; que ce sont eux qui sont la cause vivante et éternelle de nos malheurs et de nos discordes. Voilà pourquoi le peuple, aujourd'hui, tient moins à la machine qu'à ceux qui la font mouvoir ; il veut, avant tout, des hommes d'État sages, consciencieux et dépouillés de toute ambition cupide ; et je crois qu'il a raison. Sans doute, les principes sont nécessaires pour la durée, la force et la perfection des corps politiques ; mais, comme on foule aux pieds les principes lorsqu'on est méchant et pervers, je dirai, avec Voltaire, que tous les gouvernements sont bons lorsque les princes sont justes. C'est dans ce sentiment que je suis avec respect, Monsieur le Comte, votre obéissant serviteur,

RÉDARÈS.

Évry, près Corbeil, 9 mai 1835.

FIN.

www.ingramcontent.com/pod-product-compliance
Ingram Content Group UK Ltd.
Pitfield, Milton Keynes, MK11 3LW, UK
UKHW021043230726
13926UKWH00004B/1634

9 782014 452839